프랜차이즈
가맹사업의
모든 것

프랜차이즈 가맹사업의 모든 것

반드시 갖춰야 할 가맹본부 설계 매뉴얼

유수찬 지음

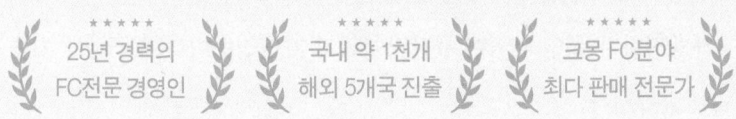

- 25년 경력의 FC전문 경영인
- 국내 약 1천개 해외 5개국 진출
- 크몽 FC분야 최다 판매 전문가

좋은땅

프롤로그

"프랜차이즈는 한 걸음씩 계단을 올라가야 하는 사업입니다.
그 계단을 밟지 않고는 결코 멀리 갈 수 없습니다."

프랜차이즈 업계에 처음 들어온 이후로 저는 늘 실무를 맡으며 한 단계씩 경험을 쌓아왔습니다.

가맹점 오픈 지원부터 가맹점 분쟁 대응, 물류관리, 가맹계약 실무, 정보공개서 작성, 해외사업까지 현장과 본사 사이에서 부딪히고, 배우고, 해결하며 성장했습니다.

제가 처음 접한 프랜차이즈의 업무는 모든 게 낯설고 복잡했습니다. 그리고 문제는 쉬지 않고 이어졌습니다.

가맹점마다 운영 방식이 제각각이었고 가맹점주마다 요구하는 기준도 달랐습니다.

매뉴얼이 있어도 현장에서는 잘 지켜지지 않았고 관련 문서가 있어도 현실에서는 소용없을 때가 많았습니다.

처음에는 문제의 원인을 '사람'에서 찾았습니다.
경험이 부족한 직원, 성향이 강한 점주, 소통이 어려운 팀 간 협업.
이런 요소들이 불안정한 운영의 원인이라고 생각했습니다.
하지만 시간이 흐르면서 점차 알게 됐습니다.
반복되는 문제의 본질은 사람보다, 명확한 기준이 없거나 기준이 있어도 현장에서 돌아가지 않는 운영 방식에 있었습니다.

이런 구조적인 문제를 인식한 뒤부터는 단순히 눈앞의 문제에 대응하는 데 그치지 않고 그 문제가 왜 반복되는지 어디서부터 운영이 어긋나기 시작했는지를 하나하나 들여다보기 시작했습니다.
그 과정을 들여다보며 실마리를 찾는 과정 속에서 운영의 기준과 시스템의 흐름이 제대로 갖춰지지 않으면 아무리 훌륭한 인력이 있어도 현장은 결국 흔들릴 수 있다는 것을 몸으로 느꼈습니다.
이런 과정을 거치며 저는 하나의 분명한 결론에 도달했습니다.

프랜차이즈는 감이나 의욕만으로 되는 사업이 아니다.

세부적인 운영 기준을 세우고, 업무 흐름을 체계적으로 설계해야 올바른 시스템으로 작동하는 사업입니다.
이런 시스템이 처음부터 완벽할 필요는 없습니다.
하지만 반드시 일의 순서가 있어야 합니다.

하나라도 건너뛰면 그 부분이 언젠가 반드시 문제로 드러납니다.
운이 좋아 가맹점을 빠르게 늘릴 수도 있습니다.
하지만 기준 없이 확장된 가맹본사는 오래가지 못합니다.
몇 개 매장일 때는 큰 문제가 없어 보여도 가맹점 수가 늘어날수록 시스템이 갖춰져 있지 않다는 점은 점점 더 뚜렷하게 드러납니다.
저는 그 현실을 수없이 봐왔고, 때로는 직접 겪기도 했습니다.

그래서 이 책을 쓰게 되었습니다.
처음 가맹사업을 준비하는 분들이 저와 같은 시행착오를 겪지 않기를 바라는 마음에서입니다.
이 책에는 화려한 성공담도 이상적인 시스템 설계도 담지 않았습니다.
대신 본사를 준비할 때 반드시 알아야 할 것들. 사업자등록부터 상표권 전략, 정보공개서 등록, 가맹계약서 구성, 가맹사업 수익모델 설계까지 실제 본사 운영에 필요한 핵심 항목들을 한 단계씩 따라갈 수 있도록 정리했습니다.
물론 이 책 한 권으로 모든 걸 끝낼 수는 없습니다.
하지만 지금 어디서부터 시작해야 할지 막막한 분에게 가장 먼저 준비해야 할 것이 무엇인지는 알려 줄 수 있습니다.
프랜차이즈는 감이 아니라 시스템이고 한 번의 행운이 아닌 지속적으로 쌓아가는 실력입니다.
이 책이 그 실력을 쌓아가는 첫 계단이 되기를 바랍니다.

목차

프롤로그   4

---
1 장
프랜차이즈 가맹사업, 누구나 시작할 수 있지만 아무나 성공할 순 없다

1-1. 브랜드를 만든다는 것은 시스템을 만드는 것이다   12
1-2. 개인사업자 vs 법인사업자, 프랜차이즈 본사에 적합한
      사업자 형태는?   19
1-3. 브랜드 보호의 시작, 상표권 등록은 선택이 아닌 의무다   22

---
2 장
프랜차이즈 사업, 왜 시작해야 하는가

2-1. 프랜차이즈는 브랜드가 아닌 시스템을 확장하는 사업이다   34
2-2. 자영업과 프랜차이즈의 결정적 차이, 시스템 설계가 만든다   44
2-3. 고객을 다시 오게 만드는 힘, 시스템   52
2-4. 가맹본사의 수익을 키우는 3단계 구조 설계   66

3장

가맹본사의 뼈대를 만드는 네 가지 설계

3-1.	법적 신뢰의 출발점, 정보공개서와 가맹계약서	74
3-2.	운영의 기준을 만드는 실전 매뉴얼 구성법	82
3-3.	지속 가능한 수익구조와 가맹금 예치제 운영 전략	91
3-4.	MVP 기반 프랜차이즈 운영법	99

4장

가맹 영업과 콘텐츠 전략

4-1.	광고보다 콘텐츠, 가맹상담 전환을 높이는 진짜 전략	108
4-2.	계약으로 이어지는 가맹상담 전략과 세일즈 플로우	120
4-3.	가맹계약으로 이어지는 사업설명회 설계 전략	129
4-4.	가맹계약으로 연결되는 온라인 채널 운영 전략	136
4-5.	가장 강력한 가맹영업, '점주의 자발적 소개'는 어떻게 만들어지는가?	143

5장

가맹점주와의 관계 유지 전략

5-1. 숫자로 말하는 본사, 감이 아닌 데이터로 점포를 진단하라   152
5-2. 리뷰 한 줄이 브랜드를 흔든다
      - 가맹본사 CS 시스템과 위기관리 전략   160
5-3. 사람이 아닌 시스템이 말하게 하라, 본사의 커뮤니케이션 구조 설계   168
5-4. 가맹점주의 이탈을 막는 가맹계약 구조   175
5-5. 가맹점주가 가맹점주를 키운다 - 브랜드 확장의 내부 구조   182

6장

시스템 중심의 본사 운영

6-1. 3인 본사부터 30인 본사까지, 실전형 조직 설계 전략   190
6-2. 보고서가 아니라 행동을 만드는 데이터 시스템   200
6-3. 물류서비스 · 수발주 · 비용정산의 자동화   209
6-4. 퇴사자 뒤에 남는 건 업무매뉴얼뿐 - 내부 운영의 기준 만들기   218
6-5. 브랜드의 다음 단계를 설계하라 - 10개 매장에서 50개까지의 전략   228

에필로그   237
부록: 프랜차이즈 업무 프로세스   241

1장

프랜차이즈 가맹사업,
누구나 시작할 수 있지만
아무나 성공할 순 없다

1-1

브랜드를 만든다는 것은 시스템을 만드는 것이다

■ 적은 투자비용으로 최대의 성장을 만드는 사업모델, 프랜차이즈

프랜차이즈는 개인의 자본력과 상관없이 아이디어와 체계적인 시스템만 있으면 빠르게 확장하고 큰 성장을 이룰 수 있는 사업모델입니다.

외식업 매장을 운영하면서 직영점으로만 매장을 늘리려면 창업자는 많은 자본이 필요합니다.

매장 운영에 필요한 인력과 점포를 임대하는데 필요한 보증금, 시설 공사에 필요한 인테리어 비용, 매출활성화를 위한 초기 마케팅 비용 등 모든 비용을 직접 창업자가 모두 부담해야 합니다.

▶ 하지만 프랜차이즈는 다릅니다.
  → 프랜차이즈 가맹사업에 대한 시스템만 잘 갖추면 직영점이 아

닌 가맹점으로 확장하여 매장은 가맹점주가 운영하고 가맹본사는 그 매장을 운영할 수 있는 시스템만 제공합니다.

→ 철저하게 준비된 기획으로 잘 만들어진 브랜드와 가맹점 운영에 필요한 운영관리 매뉴얼, 프랜차이즈 시스템만 잘 설계한다면 적은 인력으로 수십에서 수백 개의 매장도 동시에 관리할 수 있습니다.

→ 이렇게 잘 만들어진 브랜드는 최종적으로 수백억 원 이상에 매각할 수도 있습니다.

예를 들어 '노랑통닭' 같은 브랜드가 대표적입니다.

단골들만 알던 작은 매장에서 출발해 SNS와 유튜브에서 자연스럽게 퍼져 나가며 전국적으로 가맹점을 확보했고, 결국 1,400억 원대 기업 가치로 매각을 준비하는 사례로도 잘 알려져 있습니다.

이 사례는 프랜차이즈가 왜 특별한 사업모델인지 단적으로 보여 줍니다.

이런 사례들을 보면서 많은 창업자가 '프랜차이즈 가맹사업'을 더욱더 꿈꾸게 됩니다.

그렇다면 실제로 이 프랜차이즈 가맹사업을 시작하려는 사람들은 누구일까요?

■ 프랜차이즈를 선택하는 5가지 대표적인 유형

1. 동네장사로 시작해 성공한 개인 가게 주인

이 유형은 개인이 소규모로 매장을 운영하며 성공을 거둔 후, 주변의 반응과 고객의 요구를 바탕으로 프랜차이즈 사업을 고민하게 되는 경우입니다.

초기 성공은 손님들의 입소문과 SNS를 통한 자연스러운 바이럴 효과로 빠르게 확장됩니다.

매장 운영 경험과 지역적 인지도를 갖추고 있어 실질적인 운영과 고객 관리 능력이 뛰어나지만, 프랜차이즈 시스템 구축이나 가맹사업 전반에 대한 준비는 부족할 수 있습니다.

따라서 프랜차이즈로의 전환을 위해서는 특히 초기 단계부터 매장 운영 데이터를 정확히 기록하고, 가맹점에서도 동일한 품질을 유지할 수 있는 매뉴얼화가 중요합니다.

상표권 등록과 법인사업자로의 전환, 정보공개서와 가맹계약서의 작성 및 운영 매뉴얼 제작 등 시스템 구축이 필수적입니다.

2. 브랜드 론칭을 꿈꾸는 프랜차이즈 본사 퇴사자

처음부터 프랜차이즈 가맹사업을 목표로 본사에 입사하여 전체적인 시스템과 운영 방식을 습득한 후 일정 시간이 지나면 퇴사하여 직접 자기 브랜드를 만들어 사업을 시작하는 경우입니다.

혹은 본사 근무 중 본사의 시스템을 자연스럽게 익히며 자신만의 브랜드를 만들고 싶다는 꿈을 키우는 사람들도 있습니다.

이 유형은 시스템에 대한 전반적인 이해도가 높고 프랜차이즈 실무 경험을 바탕으로 체계적인 가맹사업 준비가 가능합니다.

그러나, 자신이 맡았던 업무 외의 실질적인 운영 경험이 부족하여 브랜드 론칭 과정에서 예상치 못한 문제들이 발생할 수 있으므로 본사 경험을 바탕으로 실제 운영에 필요한 교육 체계와 가맹점 관리 역량을 별도로 키워야 합니다.

3. 자체 생산품을 판매하기 위한 제조업체

프랜차이즈 본사에 제품을 납품하던 제조업체가 본사의 일방적인 거래 중지 통보와 같은 예기치 않은 상황에 대응하기 위해 직접 브랜드를 만들어 가맹점을 통한 안정적인 유통구조를 확보하는 방식을 선택한 경우입니다.

이미 시장에서 품질과 가격 경쟁력을 인정받은 제품이기에 신뢰도가 높으며, 이를 바탕으로 빠른 시장 진입이 가능합니다.

그러나 브랜드 론칭은 제품 공급 이상의 능력을 요구합니다.

우수한 제품이 있어도 가맹점주의 운영 편의성, 공급망 구축, 그리고 브랜드 관리 시스템이 없다면 결국 사업 확장이 어렵습니다.

4. 기존 프랜차이즈 본사의 제2 브랜드 도전

기존에 한 브랜드를 성공적으로 운영한 프랜차이즈 본사가 시간이 지날수록 시장 내 경쟁 심화, 상권 포화, 소비자 트렌드 변화 등으로 인해 성장의 한계를 체감하게 되면서 제2의 브랜드를 론칭하는 경우입니다.

이는 단순한 매출 보완이 아닌, 새로운 타깃층을 공략하고 새로운 시장을 개척하기 위한 전략적 선택입니다.

이미 프랜차이즈 운영 시스템과 인프라를 갖추고 있어 비교적 빠르고 효율적인 브랜드 확장이 가능하지만, 단순히 기존 시스템을 복사하는 것만으로는 성공하기 어렵습니다.

신규 브랜드의 특성과 시장 타겟에 맞는 독립적인 운영 구조를 구축해야 하며, 기존 브랜드와의 포지셔닝과 차별화 전략 수립이 중요합니다.

5. 협력업체가 직접 프랜차이즈 본사가 되는 경우

프랜차이즈 본사의 협력업체가 브랜드 론칭을 시도하는 유형은 실제로 현장에서 많이 발생하며, 특히 인테리어 시공업체에서 자주 나타나는 현상입니다.

이들은 프랜차이즈 본사와의 협업을 통해 현장을 지속적으로 경험하면서 가맹사업이 생각보다 어렵지 않다고 판단하게 됩니다.

"우리도 브랜드 하나 만들면 할 수 있지 않을까?"라는 인식에서 출발하여, 실제로 스터디카페, 무인카페, 셀프빨래방 등 시설 중심의 브랜드를 직접 론칭하기도 합니다.

출점 관련 인프라와 현장 이해도가 높아 초기 확장력은 뛰어나며 매장 오픈 속도나 투자 효율 면에서도 강점을 가집니다.

그러나 문제는 운영 이후입니다.

가맹점주 응대, 오픈 교육, 매출 분석, CS 대응, 계약 분쟁 관리 등 가맹본사로서 수행해야 할 실제 운영 경험이 부족해 시행착오를 겪는 경우가 많습니다.

■ 이 장을 마치며

프랜차이즈 가맹사업은 누구에게나 열려 있지만 끝까지 완성하기 위해서는 철저한 준비와 지속적인 실행력이 필요합니다.

어떤 이는 잘되는 매장 하나를 시작점으로 삼고 또 어떤 이는 제조 기술이나 독자적인 제품을 바탕으로 출발합니다.

남의 브랜드를 운영하며 쌓은 실무 경험을 토대로 이제는 자신의 브랜드를 만들겠다는 결심으로 나서는 경우도 있습니다.

시작점은 제각각이지만 각자의 강점을 활용하고 약점을 보완하며 준비를 차근차근 진행해 나간다면 누구든 프랜차이즈 본사로 성장할 수 있습니다.

시장에서 반응할 수 있는 브랜드를 만들고 가맹점주가 신뢰할 수 있는 시스템을 구축하며 대표자의 실행력이 뒷받침될 때 전국 단위 사업으로 확장될 수 있습니다.

이제, 각 유형이 어떤 구조를 갖추어야 하고 어떤 시스템이 필요한지 구체적으로 살펴볼 차례입니다.

1-2

개인사업자 vs 법인사업자, 프랜차이즈 본사에 적합한 사업자 형태는?

▣ 프랜차이즈 가맹본사는 '사업자의 형태'부터 다시 봐야 합니다

Q. 현재 개인사업자인데 프랜차이즈 사업이 가능한가요?
A. 네, 개인사업자 형태로도 프랜차이즈 가맹사업은 시작할 수 있습니다.

Q. 꼭 법인사업자로 전환해야 하나요?
A. 초기에 반드시 법인으로 전환할 필요는 없습니다. 하지만 가맹사업이 커질수록 세금 및 예비창업자 신뢰도 면에서 법인이 유리합니다.

■ 매출이 커질수록 세금 구조는 법인사업자가 유리합니다

  프랜차이즈 가맹사업은 가맹비, 교육비, 로열티, 물류 수수료, 상품 매출 등 다양한 수익원이 존재합니다.
  이 수익 구조는 빠르게 가맹본사의 매출 증가로 이어지고 어느 순간부터 '세금'이 가맹본사 운영의 핵심 이슈로 등장하게 됩니다.
  개인사업자는 종합 소득세 과세 표준이 8,800만 원을 초과하는 시점부터 35% 이상의 높은 세율이 적용되기 시작합니다.
  반면, 법인은 법인세 과세 표준이 연간 2억 원 이하 구간에서 10~20%의 상대적으로 낮은 세율을 적용받습니다.
  즉, 프랜차이즈 가맹사업이 확장될수록 개인사업자는 세금 부담이 급격히 증가할 수밖에 없습니다.

■ 신뢰받는 가맹본사는 결국 법인사업자로부터 시작됩니다

  가맹사업은 단순히 가맹점만 늘리는 것이 아닙니다.
  수많은 예비 창업자들과 가맹상담을 통해 가맹계약을 체결하고 장기적인 관계를 맺어가는 신뢰 기반의 사업입니다.
  예비 창업자 입장에서는 안정성과 지속성이라는 측면에서 법인사업자에게 더 큰 신뢰를 느낍니다.
  법인은 개인사업자와 달리 대표가 바뀌어도 브랜드 자산과 계약 관

계가 유지됩니다.

또한 투자 유치나 브랜드 매각 등 전략적 선택이 가능하여 장기적으로 지속 가능한 사업구조라는 인상을 줍니다.

이러한 이유로 대부분의 프랜차이즈 본사는 정보공개서 등록 전 법인 전환을 완료한 뒤 본격적인 가맹사업을 시작합니다.

이는 예비 창업자에게 신뢰를 줄 뿐 아니라 브랜드 확장 시 투자자 및 외부 파트너와의 협업에서도 강력한 기반이 됩니다.

■ 이 장을 마치며

지금 운영 중인 매장의 개인사업자 명의로도 가맹사업은 시작할 수 있습니다.

하지만 가맹사업이 커지고 본사의 수익이 다변화될수록 개인사업자의 구조로는 분명한 한계에 부딪힙니다.

지속 가능하고 확장 가능한 프랜차이즈 본사를 꿈꾼다면 가맹사업의 시작부터 법인사업자로서의 설계를 고려하는 것이 전략적으로 유리합니다.

1-3

브랜드 보호의 시작, 상표권 등록은 선택이 아닌 의무다

■ 프랜차이즈 가맹사업에서 브랜드를 지키는 가장 강력한 무기

"가맹계약도 진행되고 있는데 상표권은 아직 등록이 안 됐습니다."

프랜차이즈 가맹사업을 준비하는 많은 대표님들이 가장 흔히 하는 실수가 바로 이 대목입니다.

'상표는 나중에 등록해도 된다.', '일단 출원만 해도 괜찮다.'는 생각이 많지만 실제로는 그 판단 하나로 수십 개의 가맹점이 문제가 될 수도 있습니다.

프랜차이즈는 브랜드의 명칭으로 확장하는 사업입니다.

간판, 포장지, SNS, 광고, 검색 키워드까지 브랜드명이 법적으로 보호되지 않으면 나머지 시스템은 모두 무용지물이 됩니다.

이 장에서는 상표권 등록의 중요성과 함께 등록 전 사용의 한계, 정보공개서와의 관계, 브랜드명을 설계할 때의 전략, 그리고 실무적으로 반드시 알아야 할 상표 등록 절차와 분류 전략까지 정리합니다.

▪ 상표권은 가맹사업에서 그 어떤 것 보다 먼저 준비돼야 한다

제가 프랜차이즈 가맹사업을 준비하시는 분들께 가장 강조드리는 내용입니다.
상표는 '등록'이 되어야만 법적으로 보호됩니다.
출원 상태는 '신청한 것'일 뿐, 등록된 상태가 아닙니다.
누군가가 유사 명칭을 더 빨리 등록하면 오히려 내가 '상표권 침해자'가 될 수도 있습니다.
가맹사업을 시작하려면 정보공개서와 가맹계약서를 등록해야 하는데 이 서류에도 반드시 상표권 현황을 기재해야 합니다.
등록이 되지 않은 상표는 '출원 상태'로 표시할 수 있지만 그 상태로 가맹사업을 시작하면 이후 수많은 문제가 생길수도 있습니다.
특히 브랜드를 외부에 공개하고 광고하는 순간 누군가 의도적으로 유사 상표를 선점하거나 등록하는 리스크도 발생할 수 있습니다.
상표권은 프랜차이즈 가맹사업을 시작할 때 확보해야 하는 가장 기본적이고 중요한 사항입니다.

▣ 선사용권은 만능이 아니다 - 오해와 현실

상표법에는 '내가 먼저 쓴 이름이니까 계속 쓸 수 있다.'는 선사용권 개념이 있습니다.

하지만 이는 '방어용 항변권'일 뿐이고 실제로는 상대방이 상표를 먼저 등록하면 내가 소송에서 선의의 사용자를 입증해야만 인정되는 예외적 권리입니다.

즉, 선사용권은 "내 브랜드를 지켜 주는 칼"이 아니라 "법정에서 잠깐 쓸 수 있는 방패"에 불과합니다.

안심하고 사업을 이어가려면 상표권 등록이 선행돼야 합니다.

▣ 실제 사례 - 상표권 등록 없이 가맹사업을 진행한 결과

지금은 상표권 등록이 상식이지만 불과 20년 전만 해도 프랜차이즈 업계는 브랜드 보호 개념이 거의 없었습니다.

저 역시 상표권 등록 없이 가맹사업을 시작했던 경험이 있습니다.

프랜차이즈에 관한 법적인 기준이나 가맹사업법 자체가 없던 시절이었기에 특별한 기준 없이도 누구나 가맹사업을 진행할 수 있었습니다.

저희도 그렇게 가맹사업을 시작해 어느덧 30개 이상의 가맹점을 운영하게 되었고 현장에서도 좋은 반응을 얻으며 성장세를 이어가고 있었습니다.

그러던 어느 날 본사 앞으로 날아든 한 통의 내용증명이 모든 상황을 뒤흔들었습니다.

"내용증명의 내용은 다름 아닌 '상표권 침해에 따른 손해배상 청구'였습니다."

그 당시에는 무슨 내용인지도 모른 채 급히 변호사의 자문을 받았고 충격적인 사실을 알게 되었습니다.

저희가 사용해 온 브랜드명이 이미 다른 사람에 의해 상표로 등록돼 있었고 그 상표권을 침해했다는 사유로 손해배상을 청구한 것이었습니다.

당시 손해배상액으로 청구된 금액은 상당히 컸고, 상황은 결코 간단하지 않았습니다.

변호사의 법률 자문 결과 선택지는 두 가지였습니다.

첫째, 기존 가맹점의 모든 간판과 브랜드명을 바꾸고 새로 리브랜딩을 하라는 것.

둘째, 해당 상표권을 가진 사람에게 비용을 지불하고 브랜드 자체를 매입하는 것이었습니다.

내부적으로 철저히 비용을 계산한 끝에 브랜드 매입이 우리에게 훨씬 유리하다는 결론이 나왔습니다.

결국 우리는 꽤 큰 비용을 들여 해당 브랜드를 정식으로 매입했습니다.

그러나 그 브랜드 양도계약에는 향후 사업에 중대한 영향을 미칠 조건이 포함돼 있었습니다.

상표권을 보유했던 측의 지인, 친척, 가족들이 이미 해당 브랜드로 일부 지역에서 매장을 운영 중이었고, 우리는 그 지역에 출점하지 않겠다는 조건을 수용해야 했습니다.

결국 이 조항은 시간이 지나며 예기치 못한 손실로 이어졌습니다.

해당 지역은 저희에게 매우 전략적인 상권이었고 결과적으로 장기적인 사업 확장에 큰 제약으로 작용하게 되었습니다.

이 사례를 통해 말씀드리고 싶은 건 하나입니다.

프랜차이즈 사업에서 상표권은 단순한 이름이 아니라 '사업의 자산'이며, 이를 등록하지 않은 채 시작하는 것은 건물을 기초 없이 올리는 것과 같습니다.

지금 가맹사업을 시작하려 한다면 그 어떤 것보다 먼저 상표권 등록을 진행하시기 바랍니다.

■ 브랜드명 설계 전략 - 글자 상표가 가장 효율적이다

상표는 여러 가지 활용도를 높이기 위해서는 '글자' 상표로 진행해야 합니다.

도형, 심벌, 결합형도 등록할 수 있지만 검색 광고, 키워드 등록, SNS 활용 등 모든 활동의 중심은 '글자'입니다.

하지만 모든 글자가 상표로 등록되는 건 아닙니다.

상표권 등록이 거절되는 사유는 대표적으로 다음과 같습니다:

- 일상적인 일반 명사 단독 사용(예: '커피', '떡볶이' 등)
- 브랜드의 특징을 설명하는 단어 단독 사용(예: '매운', '빠른')
- 이미 다른 사람이 동일하게 등록한 명칭

그래서 상표 기획의 첫 단계는 등록 가능성을 고려해서 이름을 정하는 것이 중요합니다.

또한, 최종적으로 등록이 어렵다면 브랜드명을 바꾸는 것도 검토해야 합니다.

프랜차이즈 사업은 브랜드의 반복 사용이 전제되므로 등록될 수 있는 이름을 짓는 것이 가장 먼저 해야 할 일입니다.

■ 상표 등록 절차 - 대표자가 반드시 이해해야 할 흐름

1. 상표 검색
   - 키프리스(kipris.or.kr)를 통해 동일·유사 상표 존재 여부 검색
   - 업종 분류에 따라 동일 명칭이 등록돼도 다른 업종이면 가능할 수 있음

2. 출원서 작성 및 제출
- 명칭, 출원인 정보, 지정상품 등을 명시
- 특허청에 전자출원 가능(특허로 홈페이지 또는 특허사무소 대행)

3. 형식심사 → 실체심사
- 서류 누락 여부 검토 후, 출원 상표의 등록 가능성 심사 진행
- 심사관이 동일·유사 상표 여부, 공공질서 저해 여부 등을 종합 검토

4. 등록결정 → 등록료 납부
- 등록 결정 후 2개월 이내 등록료 납부 → 등록증 발급
- 이후 10년간 상표권 효력 발생(연장 가능)

■ **상표 분류 전략 - 업종별로 꼭 맞는 지정상품을 선택하라**

상표 등록은 단순히 브랜드명만 지키는 것이 아닙니다.
브랜드가 어느 분야에서 사용되는지를 **'지정상품' 또는 '지정서비스업'으로 정하고 등록**해야 합니다.

이때 업종에 따라 선택해야 할 분류(류)는 다음과 같습니다.

업종 구분	대표 적용 상표류
커피 프랜차이즈	제43류(커피숍 운영), 제30류(커피 원두 · 파우더 등 상품)
떡볶이 전문점	제43류(즉석요식업), 제30류(떡, 소스, 간편식 등 가공식품)
편의점	제35류(소매업), 제29 · 30류(판매 상품) ※ 즉석조리 포함 시 제43류 포함 가능

예: 떡볶이 브랜드가 제43류만 등록하고 제30류(식품)를 누락하면 떡볶이 밀키트 판매 시 타 브랜드가 유사 상표로 상품을 등록하는 것을 막지 못할 수 있습니다.

■ 실무 팁 - 너무 넓게도, 너무 좁게도 지정하지 마라

상표류를 과도하게 넓게 지정하면 일부 지정상품이 실사용되지 않아 **무효 사유**가 될 수 있습니다.
반대로 너무 좁게 등록하면 실제 사업 확장 시 **권리 공백**이 생깁니다.

📌 가장 중요한 원칙은 다음과 같습니다.
지금 운영하는 핵심 서비스 + 향후 1~2년 내 확장 계획에 맞는 상품군까지만 선택한다.

◼ 이 장의 체크리스트

① 상표권 출원만으로 정보공개서 등록이 가능한가?
  → **예, 하지만 실무적인 리스크는 존재.**
② 상표권 출원만으로 브랜드 보호가 가능한가?
  → **불가능합니다. 상표권이 등록돼야 법적 효력 발생.**
③ 상표가 등록되지 않으면 어떤 문제가 생기나?
  → **브랜드 변경, 상표권 소송, 가맹점주의 불신.**
④ 글자 상표가 중요한 이유는?
  → **광고, 노출, 검색 등 이후 브랜드 전개의 핵심.**
⑤ 상표는 언제 등록해야 하나?
  → **가맹사업 시작 전에 완료하는 것이 최선.**

◼ 이 장을 마치며

프랜차이즈는 고객에게 브랜드명으로 기억되는 사업입니다.

그 브랜드명이 법적으로 보호되지 않으면 가맹사업에서는 모든 광고나 매뉴얼, 가맹사업 시스템 등은 더 이상 아무 의미가 없습니다.

상표권은 나중이 아니라 가맹사업에서 가장 먼저 준비해야 하는 자산입니다.

출원만 해 두고 절대 안심하시면 안 됩니다.

가맹계약도 브랜드 확장도 상표권 등록이 되어 있어야 비로소 가능합니다.

프랜차이즈의 시작은 '브랜드'이고, 브랜드를 안전하게 키울 수 있도록 지켜 주는 것이 바로 '상표권'입니다.

출원은 시작일 뿐입니다. 등록이 되어야만 진짜 보호가 시작됩니다.

2장

프랜차이즈 사업, 왜 시작해야 하는가

2-1

프랜차이즈는 브랜드가 아닌 시스템을 확장하는 사업이다

"매장을 하나 더 낼까요, 아니면 새롭게 프랜차이즈 가맹사업을 시작해 볼까요?"

많은 대표님들이 지금 운영 중인 매장이 안정화되면 이 질문을 던집니다.
그리고 대부분의 대표님들은 이렇게 자신의 상황을 이야기합니다.
"지금은 제가 매장 하나하나 직접 챙기면서 운영하고 있어요. 특별히 시스템이라고 할 건 없지만, 매장 운영과 관련된 건 제가 다 경험해 봤고 잘 알고 있습니다."
이 말, 틀린 게 아닙니다.
실제로 직영점 여러 개를 잘 운영하고 있는 대표님들도 많고, 그만큼 현장에서 쌓인 노하우는 무시할 수 없습니다.

하지만 '가맹사업'을 고민하는 시점부터는 그 운영 방식에도 반드시 변화가 필요하다는 걸 아셔야 합니다.

가맹사업은 대표가 모든 것을 직접 챙기는 방식으로는 결코 감당할 수 없습니다.

직영점을 하나 더 오픈하는 것과는 완전히 다른 구조입니다.

그래서 지금까지 가지고 있던 사고의 전환이 필요하고, '브랜드를 확장할 수 있는 시스템'을 먼저 만들어야만 합니다.

많은 분들이 착각합니다.

일단 브랜드를 알려서 성장시키고 그다음에 시스템을 만들면 된다고 생각합니다.

하지만, 국내에서 프랜차이즈로 성공한 브랜드일수록 매장 콘셉트와 메뉴 구성, 고객서비스 방식, 운영 매뉴얼 등 모든 요소를 처음부터 철저하게 기획하고 준비합니다.

따라서 지금 프랜차이즈 가맹사업을 진지하게 고민하고 있다면 지금 이 순간부터 내 브랜드를 복제 가능한 구조로 만들기 위한 프랜차이즈 시스템을 처음부터 함께 구축하며 진행해야 합니다.

▣ 프랜차이즈 시스템 복제가 가능해야 한다

프랜차이즈는 가맹점에 단순히 동일한 브랜드명을 사용하게 하고 같은 상품을 판매하게 하는 것만이 아닙니다.

본질적으로는 가맹점의 운영 방식·고객서비스·고객의 매장 경험까지 누구든 동일하게 진행할 수 있도록 만드는 것입니다.

예를 들어, 특정 브랜드를 이용해 본 적이 있는 고객은 그 브랜드의 어느 매장에 가든 비슷한 맛과 고객응대를 기대합니다.

가맹점주는 가맹본사가 제공한 매뉴얼대로 안정된 매장 운영과 상품 품질을 유지할 수 있어야 합니다.

가맹본사는 가맹점 수가 증가하더라도 가맹점에 제공하는 교육과 지원이 모든 가맹점에 균일하게 이뤄질 수 있어야 합니다.

즉, 프랜차이즈는 '누구나 따라할 수 있는 동일한 운영 기준'이 핵심입니다.

이 기준을 중심으로 메뉴 조리, 고객 응대, 매장 관리, 정산과 발주까지 모든 흐름이 시스템화되어 있어야만 실제 프랜차이즈로서 확장이 가능해집니다.

■ 브랜드명이 아니라 가맹점 운영 방식이 통일되어야 한다

제가 가맹사업을 시작한 초기에는 가맹점 입지나 운영에 대한 기준이 명확히 정리되어 있지 않았습니다.

어느 날 영업 과정에서 부동산업체로부터 한 오피스 상권 내 점포에

대한 입점 제안을 받았습니다.

입지 조건도 나쁘지 않아 가맹계약을 진행했지만, 결국 문제가 생겼습니다.

우리 브랜드의 주력 상품은 본질적으로 오피스 상권과 맞지 않았다는 점이었습니다.

예상대로 매출이 기대에 못 미치자 가맹점주가 본사 승인 없이 라면과 김밥을 매장에서 판매하기 시작했습니다.

일시적으로 매출은 소폭 상승했지만 결과는 좋지 않았습니다.

브랜드 콘셉트와 맞지 않는 메뉴가 노출되면서 해당 상권 내 브랜드 이미지가 급격히 하락했고 같은 지역의 다른 가맹점주들로부터 항의가 들어오기 시작했습니다.

고객 리뷰도 좋지 않았고 그 매장을 다녀온 소비자들의 인식이 전체 브랜드에 영향을 미쳤습니다.

본사에서는 해당 점포의 무단 판매에 대해 제재를 가하려 했지만 이미 판매가 일정 부분 지속된 상황이었고 현실적으로 강하게 통제하기엔 애매한 시점이었습니다.

결국 제한적 승인이라는 절충안을 선택했지만 그 결과는 브랜드 전체의 이미지 하락과 해당 매장의 폐점으로 이어졌습니다.

이 사건은 본사에 큰 경고가 되었고 이후 우리는 전면적인 가맹점 관리기준에 대한 정비에 들어갔습니다.

가맹점 상권에 따른 입점기준을 정리하고 별도 메뉴 판매에 대한 가맹본부 승인절차를 추가하였으며 가맹점 조리 표준 매뉴얼과 재료의 중량, 위생 점검 항목, 고객 응대 절차까지 운영 전반에 걸친 기준을 재정비했고 매장 오픈 전 리허설과 가맹점주 교육 프로그램도 체계화하여 운영하기 시작했습니다.

그 후로는 브랜드 콘셉트를 일관되게 유지하면서도 가맹점주와 본사가 함께 같은 기준 위에서 운영될 수 있는 기반을 마련했고 이러한 시스템이 이후의 성장에 결정적인 발판이 되었습니다.

■ 프랜차이즈의 핵심 구성 요소는 무엇인가?

프랜차이즈 시스템을 구성하는 핵심 요소는 다음과 같습니다.

구성 요소	내용
브랜드	소비자 인지도 향상을 위한 통일성, 브랜드 정체성 구성
제품/서비스	표준화된 메뉴 또는 고객 서비스 품질 기준
운영 매뉴얼	누구나 동일하게 매장 운영이 가능하도록 매뉴얼화
교육 시스템	가맹점주와 직원 대상 실전 교육 프로세스
물류 시스템	원재료, 용품, 집기 등 일관된 공급 구조
정보공개서	가맹 희망자에게 제공되는 법적 문서
가맹계약서	가맹본사와 가맹점주 간 권리·의무를 정한 계약 구조
가맹본사 조직	가맹점 운영과 가맹본사 기능을 담당할 전담 인력 체계

이 중 하나라도 빠지면 가맹사업에서의 브랜드 확장성은 큰 제약을 받을 수 있습니다.

특히 정보공개서와 가맹계약서는 가맹사업의 출발점이자 법적·신뢰적 기반을 결정하는 핵심 문서입니다.

법률적 시스템 없이 가맹계약만 먼저 진행되면 가맹본사와 가맹점 모두에게 지속적인 갈등과 리스크가 발생합니다.

또한, 운영 매뉴얼과 교육 시스템은 법적 기반 위에 구축되어야 실제 현장에서 동일한 운영 품질을 실현할 수 있는 도구가 됩니다.

■ 프랜차이즈는 누구를 위한 사업인가

프랜차이즈 가맹사업 관련 상담을 진행하다 보면 많은 대표님들은 "프랜차이즈는 대기업이나 자본가들의 사업"이라고 생각합니다.

하지만 제가 실제로 경험한 프랜차이즈는, 소자본 자영업자가 자신만의 시스템을 만들어 사업을 폭발적으로 키울 수 있는 몇 안 되는 방식이었습니다.

예를 들어, 10평 남짓한 매장에서 하루 매출 100만 원 내외로 안정적인 운영을 하던 자영업자가 있었습니다.

이 대표님은 매장 운영 방식과 식자재 관리, 직원 교육 내용을 하나씩 문서화했고, 직영 2호점을 직접 출점하면서부터 사업의 구조가 달라지기 시작했습니다.

이후 직영 2~3호점을 안정적으로 운영하며 운영 매뉴얼과 교육 자료, 수익 모델을 검증한 뒤, 정보공개서를 등록하고 가맹계약서를 준비해 외부 가맹점주를 모집하는 단계로 나아갔습니다.

이런 방식이 바로, 가장 현실적인 프랜차이즈 성장 경로입니다.

실제로 많은 외식 브랜드가 이 과정을 거쳤습니다. 직영점 1~3개를 운영하며 시스템을 검증한 뒤 프랜차이즈 가맹사업을 시작했고 5개~10개 매장으로 확장한 이후 전국 50개 이상 매장을 운영하는 브랜드로 성장한 사례는 어렵지 않게 찾아볼 수 있습니다.

이처럼 프랜차이즈는 하나의 매장을 통해 구조화하고 반복 가능하게 만든 결과로서 실현 가능한 성장 전략입니다.

가맹사업을 진행하는데 무엇보다 중요한 것은 막대한 자본보다는 '매장운영의 표준화'이며 이 구조를 제대로 갖춘 자영업자라면 누구든 가맹사업에 도전할 수 있습니다.

프랜차이즈란 가맹점주에게는 검증된 방식에 기댈 수 있는 운영 시스템을 제공하고 가맹본사는 각 매장에서 발생하는 데이터를 통해 전체 운영시스템의 품질을 지속적으로 개선하는 것입니다.

▣ 지금 우리 매장은 프랜차이즈에 가까운가?

프랜차이즈는 하나의 매장을 복사하여 새로운 매장으로 출점하는 시스템을 구축하는 일입니다.

그렇다면 지금 우리의 사업은 과연 프랜차이즈의 출발점에 와 있는 걸까요?

아래 항목을 기준으로 현재의 사업 구조를 점검해 보시기 바랍니다.

항목	점검 기준
운영 표준화	매뉴얼이나 교육 없이도 직원 교체 시 동일한 품질이 유지되는가?
브랜드 자산	소비자가 반복 인지할 수 있는 로고, 슬로건, 매장 디자인이 정리되어 있는가?
시스템 구성	발주, 정산, 고객 응대 등 핵심 업무가 시스템화되어 있는가?
법적 준비	정보공개서나 가맹계약서를 준비해 본 적이 있는가?
수익 구조	매장별 수익 자료가 정리되어 있고, 물류 마진을 책정하더라도 가맹점이 안정적으로 수익을 낼 수 있도록 구조가 설계되어 있는가?

위 항목 중 3개 이상이 '아니오.'라면 지금은 프랜차이즈라기보다는 자영업의 단계에 더 가깝습니다.

하지만 점검기준을 안다는 것만으로도 다음 단계로 전환할 준비가 된 것입니다.

■ 전환 실행 체크리스트
  - 프랜차이즈 가맹사업을 시작하기 위한 준비 항목

프랜차이즈 가맹사업을 본격적으로 실행에 옮기려면 다음 항목들이 실무적으로 준비되어 있어야 합니다.

① 브랜드 슬로건, BI, 메뉴 사진, 각종 디자인 시안 등이 정리되어 있는가?
② 판매 메뉴 리스트, 조리 기준, 위생·운영 매뉴얼이 문서화되어 있는가?
③ 오픈 운영 절차(사전 교육, 매장 오픈 일정, 초기 점검 등)가 체계화되어 있는가?
④ 인테리어 및 시설공사, 물류, 유니폼, 인쇄물 등 협력업체 선정이 완료되었는가?
⑤ 직영점 손익 데이터를 기반으로 가맹점 수익 모델을 명확히 설명할 수 있는가?
⑥ 정보공개서, 가맹계약서 등 공식 문서가 준비되어 있는가?

이 항목들이 대부분 충족되었다면 프랜차이즈 가맹사업의 시작을 본격적으로 검토할 수 있습니다.

▣ 이 장을 마치며

프랜차이즈는 '특별한 능력'이 필요한 사업이 아닙니다.

오히려 반복되는 운영을 체계화하고 그 가치를 타인과 나누는 가장 현실적인 확장 방식입니다.

이 책은 '브랜드를 폭발적으로 성장시키는 법'을 설명하지는 않습니다.

대신, 프랜차이즈 가맹본사를 현실적으로 어떻게 구축할 수 있는지, 어떤 실수와 시행착오를 줄일 수 있는지에 집중합니다.

1개 매장을 운영하며 수익을 올리는 것과 그 구조를 10개 매장에 동시에 적용할 수 있게 만드는 것 사이에는 시스템이라는 커다란 벽이 존재합니다.

그 벽을 넘기 위해 우리는 지금부터 프랜차이즈 가맹사업을 정확히 이해해야 합니다.

2-2

자영업과 프랜차이즈의 결정적 차이, 시스템 설계가 만든다

    서울 은평구에서 수제버거 매장을 운영하던 한 자영업자는 주 7일, 하루 12시간씩 직접 조리하고 응대하며 매장을 운영했습니다.

    조리부터 포장, 식자재 발주, 고객 응대, 인스타그램 홍보까지 모든 일을 혼자 도맡아 하며 3년을 버텼습니다.

    사장 본인이 직접 조리하고 응대했기에 품질은 늘 일정했고 단골도 꾸준히 늘었습니다.

    하지만 본인이 허리 디스크로 2주간 입원하게 되면서 문제가 발생했습니다.

    대신 투입된 조리 직원은 정확한 레시피 없이 본인의 방식으로 조리했고 메뉴의 맛은 날마다 달라졌습니다.

    그 결과 단골 고객의 불만 리뷰가 쌓였고 재방문율이 급감하며 매출은 40% 이상 하락했습니다.

퇴원 후 다시 매장을 정비하며 운영을 정상화했지만, 한 번 떠난 고객의 발길은 쉽게 돌아오지 않았습니다.

이 일을 계기로 그는 '사장 개인의 능력에 의존하는 매장은 결국 한계가 있다.'는 사실을 뼈저리게 느꼈습니다.

프랜차이즈의 시작은 거창한 광고나 대규모 자본이 아니라 바로 이 질문에서 출발합니다.

혼자서 모든 걸 책임지는 자영업과 구조적으로 분업이 가능한 프랜차이즈는 운영 방식의 철학부터 다릅니다.

이 장에서는 그 차이가 실제로 어떤 문제를 만들며 자영업자가 프랜차이즈로 전환하기 위해 무엇을 먼저 준비해야 하는지를 구체적으로 설명합니다.

이제 '혼자 잘하는 운영'과 '누구나 따라할 수 있는 운영'의 차이를 분명히 이해할 차례입니다.

▣ 자영업과 프랜차이즈는 '일하는 방식'이 다르다

표면적으로는 매장을 열고 고객에게 상품을 판매하는 동일한 사업처럼 보이지만 자영업과 프랜차이즈는 일을 처리하는 방식과 판단의 기준이 근본적으로 다릅니다.

구분	자영업	프랜차이즈
운영주체	대표 본인이 운영전반을 직접 결정하고 처리함 예: 감으로 발주, 즉흥적 고객 응대	표준화된 기준에 따라 시스템이 운영을 대체함 예: 정해진 발주 수치, 응대 시나리오
확장방식	가족·지인 위주로 확장하거나 2호점 직접 운영	가맹점을 모집하고 시스템으로 관리
의사결정 구조	대표 개인의 경험과 판단에 의존	데이터 기반 KPI와 팀 기반 협의를 통해 운영

프랜차이즈는 결국 '누구든 일정 수준 이상의 매장운영이 가능하게 만드는 것'이며 그 기준을 문서화하고 반복 가능하게 설계합니다.

반면 자영업은 '내가 없으면 매장운영이 불가능한 구조'에 머물 가능성이 높습니다.

◼ 사업구조의 차이가 만든 결과

◇ 프랜차이즈적 접근 사례

경남 창원에서 운영되던 한 테이크아웃 샌드위치 매장은 처음부터 내가 없어도 매장이 운영될 수 있는 사업구조를 목표로 매장을 설계했습니다.

대표는 첫 달부터 메뉴의 조리 시간, 식자재 중량, 메뉴 포장 순서, 고객 응대 멘트까지 전부 문서화하고 영상 교육자료를 자체 제작했습니다.

직원 교육은 오픈 전 7일간 시뮬레이션 훈련을 통해 진행되었고 이후 대표는 매장에 거의 상주하지 않았습니다.

6개월 후 2호점을 오픈할 때는 1호점 매니저가 매장 운영 전체를 넘겨받아 동일한 방식으로 운영할 수 있었습니다.

신규 점포 역시 오픈 직후부터 손익분기점을 넘겼고 고객 리뷰는 두 매장 모두 '맛과 서비스에 만족한다.'는 피드백이 주를 이뤘습니다.

▪ 초기 가맹본사가 착각하는 5가지

초기 가맹본사는 가맹사업을 시작하면서 이런 말을 합니다.

"다 설명해 줬어요. 가맹점주님이 기억 못 하시는 거예요."
"메뉴 교육을 본점과 똑같이 했는데 왜 손님들은 맛이 다르다고 할까요?"
"제가 시간 날 때마다 가서 도와줬는데도 왜 운영이 안 되죠?"

이런 말 속에는 가맹본사가 크게 오해하는 **5가지**가 숨어 있습니다.

1. 머릿속 매뉴얼 → 말로 한 설명은 절대 기억에 남지 않습니다

말로는 설명했지만, 매뉴얼이 없으면 아무것도 남지 않습니다.

실제 가맹점 교육을 진행하면 교육 받을 당시에는 다 이해한다고 하지만 시간이 지나고 나면 가맹점주는 절대 기억하지 못합니다. 그래서, 프랜차이즈는 말이 아닌 문서로 누구든 다시 확인하면서 따라할 수 있게 남겨야 합니다.

2. 1회성 교육 → 반복 실습 없는 교육은 무의미합니다

가맹계약 후 가맹점 교육을 진행할 때 가맹본사들은 가맹점 오픈일정 때문에 시간에 쫓겨 깊은 내용의 교육을 진행하기는 어렵습니다.

교육해야 할 내용은 많지만 일정 때문에 어쩔 수 없이 빠르게 진행할 수밖에 없기 때문에 해당 가맹점에서 반복적으로 실습할 수 있는 교재, 영상, 시뮬레이션 프로그램이 없다면 가맹점은 매번 잦은 실수가 발생할 수밖에 없습니다.

3. 감에 의존한 품질 관리 → 중량·시간의 기준 없는 조리로는 품질을 관리할 수 없습니다

"먹어 보니 괜찮더라."는 방식은 한두 매장까지만 통합니다.

상품을 조리하는데 식자재의 세부적인 중량에 따른 레시피 기준 없이 정량화되지 않은 대략적인 계량 방식(예: 숟가락 한 스푼, 국자 한 번 등)으로 조리할 경우 결국 동일한 품질관리는 할 수 없습니다.

4. 즉흥적인 고객 응대 → 시나리오 없는 응대는 브랜드를 망칩니다

매장을 운영하다 보면 생각지도 못한 상황들이 정말 많이 발생되고 특히 가맹점 오픈 초기에 더 많은 일들이 발생됩니다.

　가맹본사가 고객으로부터 발생되는 사항들에 대해서 정확한 기준 없이 가맹점주 재량으로 알아서 대응하도록 방치하는 것은 브랜드를 망치는 길입니다.

　컴플레인, 고객 요청, 칭찬 대응도 상황별 시나리오가 있어야 대응이 가능합니다.

5. 혼자 해결하는 위기 대응 → 시스템이 아닌 사람에게 의존하면 프랜차이즈가 아닙니다

매장을 운영하면서 발생되는 문제를 가맹점주가 직접 해결해야 한다면 개인자영업과 다를 바가 없습니다.

프랜차이즈는 가맹점주 혼자 해결하지 않아도 되게 만드는 것이 중요합니다.

> 📌 이 다섯 가지를 모른 채 가맹사업의 확장을 시작하면 결국 생기는 건 지인이나 타인이 대신 운영하는 또 다른 자영업의 연장일 뿐입니다.

▣ 프랜차이즈의 운영자는 '관리자'가 아니라 '시스템설계자'

자영업은 하루하루 매장운영을 내가 직접 책임지는 구조입니다.

본인이 출근하지 않으면 영업이 불가능하고 문제가 생기면 직접 해결해야 하며 직원 채용과 교육도 대표의 경험으로 직접 진행해야합니다.

하지만 프랜차이즈는 시작점부터 다릅니다.

운영자가 직접 하는 것이 아니라 교육과 지원을 받으면 누구나 따라 할 수 있도록 만드는 것에 초점을 둡니다.

즉, 프랜차이즈의 운영자는 관리자가 아니라 시스템설계자입니다.

내가 직접 하지 않아도 매장이 운영되는 구조를 만들고 그 구조를 다른 사람에게 전달할 수 있어야 비로소 가맹본사의 출발점에 도달한 것입니다.

📌 다음과 같은 생각이 들었다면, 이제는 자영업이 아닌 프랜차이즈 가맹사업을 준비해야 할 때입니다.

① 나는 매장을 '운영하는 사람'이 아니라 '운영하는 시스템을 설계하는 사람'이 되어야 한다.
② 이제부터는 감이 아닌 객관적인 기준으로 의사결정을 내린다.
③ 점포 확장은 감정이 아닌 시스템에 기반해 이루어져야 한다.
④ 직원이 아닌 시스템이 문제를 해결하도록 만들어야 한다.
⑤ 내가 없어도 매장이 운영되는 시스템을 만드는 것이 나의 다음 목표다.

위와 같이 마음먹으셨다면 이제 프랜차이즈 가맹사업의 설계를 위한 실무 준비를 시작해야 합니다.

다음 장부터는 실제로 어떤 문서와 시스템이 필요한지 그리고 그것을 현실적으로 어떻게 만들 수 있는지를 단계별로 안내합니다.

◼ 이 장을 마치며

이 책은 자영업자에게 프랜차이즈 가맹사업을 강요하지 않습니다.

누구나 프랜차이즈를 해야 한다고 말하지도 않습니다.

하지만 지금 직원을 구하는 일에 지치고 가게를 비우는 것이 불안하며 매장운영의 모든 판단이 나 하나에게 달려 있다면 그 상황은 오래 가기 어렵습니다.

당신이 자리를 비워도 동일한 품질과 매장운영이 가능한 '시스템'을 만드는 그 순간부터, 자영업이 아닌 프랜차이즈 가맹본사로의 전환이 시작됩니다.

이제 다음 장부터는 그 구조를 어떻게 만들 것인가에 대해 이야기합니다.

2-3

고객을 다시 오게 만드는 힘, 시스템

한눈에 기억되는 간판, 감각적인 매장 인테리어, 인스타그램에 어울리는 메뉴 구성.

프랜차이즈를 시작하려는 많은 창업자들이 가장 먼저 떠올리는 건 이런 '브랜드 이미지'입니다.

고객의 처음 방문은 이런 요소들로 충분히 유도할 수 있습니다.

하지만 고객이 다시 찾는 이유는 전혀 다른 곳에 있습니다.

단순하게 매장이나 메뉴가 예뻐서가 아니라 고객이 기대한 그대로의 맛과 서비스, 분위기를 모두 경험했기 때문입니다.

한 번의 방문이 아닌 고객의 재방문을 만들 수 있어야 비로소 그 브랜드는 '고객의 신뢰'라는 자산을 얻게 됩니다.

가맹점주는 말합니다.

"가맹본사에서 다 준비돼 있다고 해서 시작했는데 막상 오픈하고 나니까 하나하나 제가 물어봐야 하더라고요."

"매뉴얼을 받기는 했는데 없는 내용이 많고 직원 교육도 그냥 가맹본사 직원이 잠깐 와서 구두로 설명하고 끝났어요. 이게 프랜차이즈 맞나 싶었죠."

반면 가맹본사는 생각합니다.

"오픈 전에 다 설명했는데 왜 자꾸 물어보지?"

"문서로 정리해서 드리진 않았지만, 오픈해서 지금까지 운영했으면 자연스럽게 알 수 있는 내용들 아닌가?"

똑같은 상황이었더라도 사람마다 기억하는 부분은 다를 수밖에 없고 이런 상황에서는 서로 간의 갈등이 생길 수밖에 없습니다.

반복적으로 말씀드리지만 결국 프랜차이즈 사업에서 진짜 중요한 것은 브랜드가 아니라 시스템입니다.

■ 고객의 첫 방문은 브랜드가 만들고 재방문은 프랜차이즈 시스템이 만든다

프랜차이즈 창업자라면 '누구나 한 번쯤은 오고 싶은 매장'을 만들기 위해 고민합니다.

매력적인 로고, 감각적인 인테리어, 인스타그램에서 주목받는 메뉴와 비주얼 이런 브랜딩 요소는 고객의 첫 방문을 이끌어내는 데 강력한 역할을 합니다.

브랜딩은 분명 중요합니다.

고객의 선택을 유도하고 경쟁 브랜드 사이에서 나를 각인시켜 주는 힘이 있기 때문입니다.

하지만 매장을 방문한 고객이 다시 오게 만드는 힘은 전혀 다른 데서 나옵니다.

고객이 기대한 만큼의 만족감을 주는 것이 브랜드와의 신뢰를 쌓는 핵심입니다.

매장마다 맛이 다르고 직원 응대가 제각각이라면 고객은 불안함을 느끼고 더 이상 그 브랜드를 신뢰하지 않습니다.

그 순간 브랜드는 고객을 불러올 수는 있어도 붙잡지는 못하는 허상이 됩니다.

그래서 프랜차이즈 시스템은 '브랜드를 뒷받침하는 구조'이자 '지속가능한 사업으로 성장하기 위한 전제 조건'입니다.

아무리 브랜딩이 잘되어 있어도 매장에 대한 운영 기준이 없고 세분화된 시스템이 없다면 그 브랜드는 오래가지 못합니다.

반대로 시스템이 단단히 갖춰져 있다면 브랜드의 감성은 신뢰로 이어지고 신뢰는 가맹사업의 확장으로 연결됩니다.

첫 방문을 유도하는 브랜딩 그리고 재방문을 만드는 프랜차이즈 시스템.

프랜차이즈 가맹사업은 이 둘이 동시에 사용할 때 비로소 폭발적으로 성장할 수 있습니다.

▣ 프랜차이즈 시스템이 실제 현장에서 작동하는 하루
(실제 운영 사례)

프랜차이즈의 본질은 '고객이 어느 매장을 가더라도 같은 신뢰와 경험을 얻는 것'입니다.
고객이 브랜드를 믿고 찾았을 때 기대한 그대로의 서비스를 받지 못하면 재방문은 없습니다.
그 경험을 유지시켜 주는 것이 바로 프랜차이즈 시스템입니다.

한 매장을 떠올려봅니다.
서울 동작구의 한 덮밥 프랜차이즈 매장.
특별한 스타 셰프도 오랜 경력의 운영자도 없지만 하루 200그릇이 꾸준히 판매됩니다.
대표는 매장에 나오지 않고도 운영 상황을 실시간으로 파악하며 주 1회만 방문해도 문제가 생기지 않습니다.
이 매장의 하루는 이렇게 움직입니다.

🕒 오전 9시 30분
직원들은 매장 입장 후 '오픈 준비 체크리스트'에 따라 각자의 업무를 진행합니다.
위생복 및 유니폼 착용, 매장 조명과 음악 설정, 냉장고 재고 점검 등 순서대로 진행합니다.

누가 오든 처음 5분 안에 해야 할 일들이 정리되어 있어 혼선이 없습니다.

🕐 오전 11시

첫 주문이 들어오자 주방 직원은 냉장고에서 소분한 재료를 꺼냅니다.

조리 기준표에는 메뉴별 중량과 조리 시간, 플레이팅 방식까지 사진으로 정리되어 있어 신규 직원도 따라할 수 있습니다.

레시피는 모두 '1인분 기준'으로 환산되어 있어 다인분 조리도 어렵지 않습니다.

🕐 오후 2시

고객이 "덮밥 소스가 조금 짜다."고 피드백합니다.

직원은 고객 응대 기준에 따라 "감사합니다, 다음엔 미리 말씀해 주시면 조정하겠습니다."라는 멘트를 정중하게 전달합니다.

CS 대응 내용은 매장 내 '일일 영업일보'에 간단히 기록되고 매주 가맹본사에 전달됩니다.

클라우드 시스템이 아닌 손으로 기록하는 현실적인 방식입니다.

🕓 오후 4시

매장 점장은 재고 파악 후 가맹본사에서 제공한 발주표를 출력해 부족한 품목을 직접 표시합니다.
사진으로 찍어 가맹본사 물류팀 단톡방에 공유하면 새벽 배송에 맞춰 자동 반영됩니다.
복잡한 시스템은 아니지만 누구나 쉽게 사용할 수 있도록 설계된 단순 반복 가능한 구조입니다.

🕘 오후 9시

당일 매출은 POS에서 확인한 후 '일일 정산표'에 입력합니다.
가맹본사에서는 이 데이터를 모아 매주 지역별 매출 평균, 상품별 판매량, 불만족 리뷰 건수를 리포트로 전송해 줍니다.
현장 직원은 오직 기준에 따라 운영하고 가맹본사는 데이터를 통해 시스템 전체를 개선해 나가는 구조입니다.

이 매장은 특별하지 않습니다.
다만, 구조가 명확하고 누구나 반복할 수 있는 방식으로 설계되어 있을 뿐입니다.

프랜차이즈의 시스템이란 결국 이렇습니다.

① 복잡한 디지털 솔루션이 아닌 누구나 따라할 수 있는 현실적 매뉴얼
② 가맹본사 중심이 아니라 현장이 먼저 이해할 수 있는 기준 중심의 운영
③ 문제가 생기면 사람을 투입하는 것이 아니라 사전에 정한 기준으로 막는 구조

이런 시스템이 구축되어 있어야 브랜드는 성장할 수 있습니다.

■ 프랜차이즈 시스템의 6대 구성 요소

아래 6가지는 대부분의 성공적인 프랜차이즈 가맹본사가 공통적으로 갖추고 있는 운영 시스템입니다.

구성 영역	핵심 항목	설명
조리 매뉴얼	중량, 시간, 작업순서 명시	메뉴의 맛과 품질을 누구나 동일하게 재현할 수 있도록 기준화
위생 기준	청소체크리스트, 청결, 소독, 점검표	법적 기준 충족과 고객 신뢰 확보를 위한 위생 체계
CS 매뉴얼	응대 멘트, 시나리오, 고객민원 대응	상황별 표준 멘트와 시나리오를 정리해 고객마다 다른 대응 방지

교육 시스템	가맹점주·직원 교육 자료 문서, 영상, 오프라인 교육포함	반복 가능한 훈련 체계
오픈 프로세스	인테리어, 인허가, 사전 점검	오픈 전 준비를 일정표와 체크리스트로 정리
물류·발주 체계	발주 양식, 공급 경로	누락·지연 없이 운영될 수 있도록 설계된 표준 공급 시스템

📌 이 요소들은 단지 가맹본사에 정리되어 있는 문서가 아니라 실제 현장에서 사용하고 있어야 진짜 '프랜차이즈 시스템'이라 할 수 있습니다.

▣ 프랜차이즈 시스템이 없으면 반복되는 가맹본사의 5가지 문제

현장에서 프랜차이즈 시스템을 사용하지 않으면 어떤 일이 생길까요?

전형적 문제	원인
매장마다 메뉴 맛이 다름	조리 기준 부재
직원 바뀔 때마다 서비스 품질 저하	응대 매뉴얼 없음
오픈 일정마다 동일한 문제 반복	인허가·사전 점검 체계 부재
발주 누락·중복 발생	발주 기준 및 절차 미흡
가맹점주 민원 응대가 매번 달라짐	CS 대응 기준 없음

📌 이 문제들은 단 하나의 공통점을 갖습니다.
프랜차이즈 시스템으로 정비하지 않으면 반드시 이 문제들은 반복된다는 것입니다.

▣ 프랜차이즈 시스템을 만드는 3단계:

수치화 → 문서화 → 현장검증

프랜차이즈 시스템은 문서로만 작성해 둔다고 해서 곧바로 쓰이지 않습니다. 현장에서 끊임없이 시험되고 다듬어져야만 완성됩니다.

초기에는 메뉴, 서비스, 운영 방식 등을 직영점을 운영하면서 체계화시키고 이후 가맹점 관리를 통하여 지속적인 업데이트를 통해서 개선하는 것이 진짜 프랜차이즈 시스템의 구축입니다.

이를 위해서는 다음의 3단계 절차를 반드시 거쳐야 합니다.
이 과정을 거쳐야 가맹본사가 담당자 개인이 아니라 프랜차이즈 시스템으로 움직이게 됩니다.

1. 1단계 - 구조 설계: 모든 운영사항을 수치화하고 기준을 정한다

이 단계는 감과 경험에 의존한 운영을 구체적인 수치와 순서로 전환하는 과정입니다.

항목	세부 실행 내용	적용 예시
조리 기준 설정	1인분 기준 중량·시간 명시	즉석 떡볶이: 떡 180g, 소스 100g, 물 200ml, 조리 3분
공정 분리	작업 단계를 단순화 및 분업화	'소스 준비' → '재료 계량' → '가열' 3단계로 구분
동선 설계	주방 내 이동 거리 최소화	튀김 조리대 ↔ 반죽 보관 냉장고 간 거리 1.5m 이내
인력 기준	시간대별 권장 인원 설정	피크타임 2명, 평상시 1명(홀 1, 주방 1)
장비 기준	표준 장비 스펙 명시	간텍기: 3구 45box 냉장고 포스: 1대
발주 주기	품목별 발주 기준 설정	김치: 주 2회 발주, 소스류: 주 1회, 발주마감 시간 오후 3시

📌 이 단계의 핵심은 '정확하게 반복 가능한 단위'를 만드는 것입니다. 매장운영에 들어가는 모든 사항에 대해 기준을 설정하고 수치화와 순서화를 진행해야 다음 단계인 문서화 작업으로 넘어갈 수 있습니다.

2. 2단계 - 문서화 및 시각화: 사람이 아니라 문서가 교육하게 만든다

1단계에서 작성된 내용을 문서와 시각자료로 작성하여 교육자료로 사용할 수 있도록 만드는 단계입니다.

항목	실행 방법	예시
조리 매뉴얼	① 메뉴별 조리법을 이미지+설명으로 제작 ② A4 문서 + 주방 내 부착시트 코팅판 구성	'떡볶이 매뉴얼 V1.2' 문서 제작 "1단계: 물 200ml 넣기" 사진 삽입
위생 매뉴얼	① 오픈/마감 청소 체크리스트 ② 손 씻기·세척 등 위생 사진 포함	"세척 순서: 칼 → 도마 → 프라이팬(이미지 삽입)"
CS 매뉴얼	고객 응대 대본 정리 + Q&A 형태로 제작	"불만 고객 응대 3단계: 경청 → 사과 → 조치안 안내"
교육 자료화	오리엔테이션 교안, 영상 콘텐츠 제작	'가맹점주 기본 교육' PPT + 조리 시연 영상
매장 운영 매뉴얼	매장 오픈·마감 루틴을 순서대로 문서화	"07:30 매장 출근 → POS 로그인 → 냉장고 온도 체크"

📌 이 단계의 핵심은 '시각적 자료'를 작성하여 반복할 수 있도록 하는 것입니다.

글로 된 문서만이 아니라 사진, 영상, 체크리스트 등 복합 매체로 구성해야 신입 직원이나 가맹점주가 빠르게 습득하고 실행할 수 있습니다.

3. 3단계 - 테스트 및 개선: 실제 현장에서 검증하고 수정한다

2단계에서 작성된 문서로 만든 시스템은 현장에서 반드시 검증해 봐야 하고 그 검증 작업을 통해 현실적으로 사용할 수 있는 구조로 확정됩니다.

항목	실행 내용	적용 예시
테스트 매장 운영	직영점 또는 시범 점포 1곳에서 테스트	신입 가맹점주가 교육자료(문서)만 보고 오픈 준비 가능한지 체크
오류 기록	실행 중 생긴 오류사항 기록지 작성	"계량 저울 위치 헷갈림 → 매뉴얼에 '위치 사진' 추가"
수정 피드백	가맹점주, 직원, SV 피드백 수렴 → 문서 개선	"떡 양이 많다." → 메뉴 기준량 180g → 160g으로 조정
반복 테스트	개선 후 다시 적용하여 안정성 확보	2주 반복 운영 → 문제없을 시 최종 버전 확정
최종 표준화	변경 이력 기록 + 버전 관리 시스템화	조리 매뉴얼 V1.3/작성일자 및 변경자 표기

📌 이 단계의 목표는 '3단계를 통해 작성된 교육자료를 활용하여 가맹점에서 사용 시 누가 진행해도 90% 이상 동일한 결과'가 나오도록 만드는 것입니다.

4. 마무리 메시지

프랜차이즈 시스템은 한 번에 완성되지 않습니다.

가맹사업법 및 기타 법령이 수시로 개정되고 가맹점 수가 증가함에 따라 많은 문제들이 발생하기도 하고, 시장상황이 바뀌면서 대처해야 할 일들도 많습니다.

프랜차이즈 가맹사업을 지속하는 동안에는 시스템을 설계하고 문서화한 후 현장 테스트를 진행하는 3단계를 지속적으로 반복해야 프랜차이즈 시스템으로 운영되는 구조가 만들어집니다.

즉, 시장상황이나 담당자가 바뀌더라도 대표가 최소한의 관리만 진행해도 전체 가맹점이 원활하게 운영될 수 있는 구조가 결국은 진짜 프랜차이즈 시스템입니다.

◼ 체크리스트 - 지금 우리 가맹본사는 브랜드 중심인가 프랜차이즈 시스템 중심인가?

📌 아래 항목 중 4개 이상이 'NO.'라면 브랜딩보다 프랜차이즈 시스템 정비가 먼저입니다.

항목	YES	NO
조리 기준이 문서로 정리되어 있다	☐	☐
교육 콘텐츠(문서 또는 영상)가 존재한다	☐	☐
고객 클레임 대응 방식이 정형화되어 있다	☐	☐
오픈 준비 절차가 체크리스트로 구성되어 있다	☐	☐

물류 발주 및 정산 양식이 매뉴얼로 존재한다	☐	☐
가맹점 10개 이상 운영 시 품질 유지 가능하다	☐	☐

◼ 이 장을 마치며

프랜차이즈 가맹사업은 많은 협력업체와 가맹점, 고객을 상대로 사업을 전개해 나가기 때문에 정말 다양한 문제들이 끊임없이 발생합니다.

가맹본사는 하나의 문제가 생기면 그 문제를 해결하기 위해서 많은 시간과 비용이 동시에 손실되고 그 손실이 누적되면 사업 전체에 부담이 됩니다.

그래서 처음부터 체계적인 프랜차이즈 시스템을 설계해야 합니다.

제대로 된 프랜차이즈 시스템을 갖춰 두면 예상치 못한 상황에서도 발목 잡히지 않고 가맹사업이 무리 없이 안정적으로 확장될 수 있습니다.

2-4

가맹본사의 수익을 키우는 3단계 구조 설계

"지금 잘되니까 가맹점 10개만 더 열면 수익도 10배 늘지 않을까요?" 프랜차이즈 가맹사업을 앞둔 대표님들이 가장 자주 하는 말입니다.

이 질문은 가맹점 수가 곧 가맹본사의 수익이라는 기대감에서 출발합니다. 그리고 실제로 그 기대는 틀리지 않았습니다.

또한, 이 말은 프랜차이즈 확장에 대한 핵심 질문을 담고 있습니다. 프랜차이즈 시스템이 제대로 설계되어 있다면 매장이 늘어날수록 가맹본사의 수익은 배가 아니라 기하급수적으로 늘어납니다.

하지만 그것은 어디까지나 가맹본사의 수익을 극대화할 수 있는 시스템이 준비되어 있을 때의 이야기입니다.

이 장에서는 프랜차이즈 가맹사업 확장의 본질을 단계 없이 위험하게 확대하는 것이 아니라 안정적인 수익을 바탕으로 확대하는 방법에 대해 구체적으로 설명합니다.

▣ 가맹점 수는 가맹본사의 수익을 극대화시킵니다

프랜차이즈 가맹본사의 수익 구조는 단순하지 않습니다.

흔히 생각하는 가맹비 외에도 다양한 수익 항목이 존재하며 그 대부분은 가맹점수가 많아질수록 비례하여 확대되는 속성을 가집니다.

수익 항목	설명
가맹 수익	가맹비, 교육비, 인테리어 및 시설공사비용 등 가맹계약 시 발생되는 일회성 수익
운영 수익	로열티, 물류 마진 등 매월 반복되는 지속 수익
비용 절감 효과	매장 증가로 본사 고정비 분산, 매입처 단가 협상력 상승, 판촉지원비 등 간접 수익 창출

📌 이 중에서도 가맹수익과 운영수익은 어느 정도 확정적인 비용인 반면, 비용 절감 효과는 가맹점 수가 증가함에 따라 규모의 경제 효과가 발생하여 가맹본사에게 많은 수익을 발생시킵니다.

예를 들어, 5개의 가맹점으로는 물품공급사와의 단가 협상력이 거의 없습니다.

물품공급사는 최소 발주량을 요구하고 물류비는 개별 청구됩니다.

하지만 가맹점이 30개를 넘어서면 가맹본사가 원하는 조건으로 공급계약이 가능해집니다.

포장재, 원재료, 유통 수수료가 줄어들고 물품공급사가 먼저 협력을 제안하기도 합니다.

가맹점이 100개를 넘어서면 물류센터를 아예 위탁 운영하거나 직접 구축하는 것도 가능합니다.

가맹본사 자체 브랜드상품을 OEM으로 생산할 수도 있고 상품 단가를 가맹본사에서 직접 결정하는 위치가 됩니다.

이 지점에 도달하면 매장 1곳당 가맹본사 수익은 크게 증가합니다.

가맹사업에서 가맹본사의 수익은 매장의 수만큼 단순하게 더해지는 것이 아니라 그 구조 위에서 곱셈의 형태로 매우 빠르게 증가하는 것입니다.

■ 실제 사례 - 가맹점이 늘어나면서 물류 수익률이 상승한 브랜드

프랜차이즈 가맹본사에서 가장 핵심적인 수익 구조 중 하나는 바로 물류 수익입니다

하지만 가맹사업 초기에는 자체 물류 시스템을 갖추기 어렵기 때문에 대부분 대기업 물류(CJ, 동원, 삼성 등)업체를 통해 가맹점 물류 유통을 시작하게 됩니다

문제는 이 초기 단계에서의 물류 계약조건이 가맹본사 입장에서는 매우 불리하다는 점입니다

가맹점에 물류서비스를 제공하기 위해서 진행할 수 있는 선택지가

제한적이다 보니 높은 수수료 구조나 불리한 조건을 감수할 수밖에 없고 그 결과 본사가 실질적으로 가져가는 수익은 많지 않습니다.

하지만 가맹점 수가 점차 늘어나고 일정 규모를 확보하게 되면 물류 운영에 대한 선택권이 가맹본사로 넘어옵니다.

물류 센터와의 거래 조건에서도 협상력이 생기고 경우에 따라서는 가맹본사가 직접 물류를 운영하면서 원부자재 매입처와의 가격 조정 주도권을 확보하게 됩니다.

이렇게 되면 가맹점 출고 단가에 일정 수익을 추가적으로 반영할 수 있고 정산과 결제를 본사 주도로 운영하면서 본격적인 수익 구조가 만들어지기 시작합니다.

프랜차이즈 사업에서 물류서비스의 본질은 단순한 물류 유통이 아니라 이 구조를 얼마나 전략적으로 설계하고 운영하느냐에 따라 가맹본사의 수익성과 브랜드의 지속 가능성이 결정됩니다.

■ 가맹본사의 수익을 확대하는 구조 설계 - 3단계 전략

단계	전략	핵심 내용
1단계	수익 구조 정리	가맹비, 교육비, 계약이행보증금, 물류마진, 로열티 항목을 정리하고, 손익 시뮬레이션을 통해 가맹점 확장 대비 수익 예측값 수립
2단계	협상력 기반 구축	식자재 사용량, 월간 발주 금액 데이터 확보 → 공급사와 단가 조정 협의 진행

| 3단계 | 고정비 분산 체계 설계 | 교육팀 · CS팀 · 마케팅 인력 1인당 커버 매장 수 기준 수립 → 인력 수요 대비 확장 계획 수립 |

📌 위 구조를 사전에 꼼꼼하게 설계하지 않으면 가맹점 수가 늘어날수록 가맹본사의 고정비는 더 빠르게 증가하고 결국 프랜차이즈 시스템은 한계에 부딪히게 됩니다.

▣ 실무 점검
  - 지금 우리 브랜드는 가맹사업을 확장할 준비가 되었는가?

항목	체크 포인트
가맹본사의 수익 구조가 항목별로 정리되어 있는가?	
10개 매장을 기준으로 수익 · 비용 시뮬레이션이 가능한가?	
가맹점교육, CS, 오픈 지원 등 인력 1인당 담당하는 매장 수가 정해져 있는가?	
공급사 · 물류사와의 계약이 매장 증가에 따라 계약조건이 변경 적용되는 구조인가?	
마케팅, 브랜딩, 클레임 대응 시스템이 확장에 따라 자동화될 수 있는가?	

📌 단 1개의 매장에서는 드러나지 않던 문제가 10개, 20개 매장이 되었을 때는 돌이킬 수 없는 리스크가 됩니다.

지금이 프랜차이즈 시스템을 재점검할 수 있는 마지막 기회일 수 있습니다.

▣ 이 장을 마치며

프랜차이즈 가맹사업은 가맹점 수가 늘어날수록 가맹본사의 수익과 효율성이 함께 상승하는 구조를 만드는 것입니다.

프랜차이즈 시스템은 단순히 리스크를 줄이기 위한 장치가 아닙니다.

잘 설계된 프랜차이즈 시스템은 가맹점 수가 늘어날수록 가맹본사의 수익을 극대화시킵니다.

이제 우리는 '얼마나 빨리 가맹사업을 확장하느냐?'가 아니라 '어떤 구조로, 얼마나 효율적으로' 가맹사업을 확장할지를 먼저 설계해야 합니다.

3장

가맹본사의 뼈대를
만드는 네 가지 설계

3-1

법적 신뢰의 출발점,
정보공개서와 가맹계약서

"가맹점은 아직 하나도 없는데 정보공개서를 벌써 등록해야 하나요?"

"가맹계약서는 인터넷에서 받은 양식 그대로 써도 괜찮겠죠?"

프랜차이즈를 막 시작하려는 대표님들과 상담하다 보면 이런 질문을 자주 듣습니다.

가맹사업을 시작하면서 빠르게 성장시키고 싶은 마음에 당장에 급한 건 가맹점을 유치하는 일이고 법적서류는 나중에 진행하면 된다는 생각 때문입니다.

실제로 대부분 대표 혼자 본사를 운영하고 담당 인력도 없이 당장 매장 오픈 준비에 쫓기다 보니 진행할 여력이 없습니다.

하지만 이는 기반도 없이 건물을 올리는 것과 같아 향후 반드시 구조적 붕괴가 발생하고, 결국 문제가 생겼을 때 가맹본사는 가맹사업법 위반으로 행정조치를 받게 됩니다.

정보공개서와 가맹계약서는 단순한 형식의 문서가 아닙니다.

프랜차이즈 사업을 법적 제도권 안에서 시작할 수 있게 만들어 주는 법적 기반이자 신뢰의 출발점입니다.

이 장에서는 두 문서의 역할과 실무 구성 방식 그리고 초기 가맹본사가 놓치기 쉬운 핵심 포인트를 설명드리겠습니다.

■ 핵심 개념 - 정보공개서와 가맹계약서, 가맹본사와 가맹점주 모두를 보호하는 문서

프랜차이즈 사업은 법적으로도 특별한 사업입니다.

가맹사업법이라는 독립된 법 체계가 있으며 그 중심에 있는 문서가 바로 정보공개서와 가맹계약서입니다.

이 법은 가맹점주 보호를 최우선 원칙으로 둡니다.

① 정보공개서

→ 가맹점주에게 사전에 제공해야 하는 가맹본사의 가맹사업 정보가 작성된 보고서

→ 브랜드의 기초정보, 재무정보, 가맹점 증감 등 예비창업자가 해당 브랜드 창업 고려 시 참고하는 문서

② **가맹계약서**
　→ 가맹본사와 가맹점주 간의 권리와 의무를 명시한 계약서
　→ 가맹본사가 제공하는 사항과 가맹점사업자가 지불하는 비용, 가맹점 운영 방식과 책임, 분쟁 처리 방법 등을 정리한 문서

이 두 가지는 가맹본사가 프랜차이즈 가맹사업을 시작하기 위해서 가맹사업법에서 지정한 기관에 꼭 등록하고 사용해야하는 문서입니다.

■ **정보공개서 - 브랜드의 '이력서'이자 '설명서'**

정보공개서는 예비창업자가 가맹계약을 결정하기 전에 읽는 공식 문서입니다.
공정거래위원회에 등록된 표준 양식을 기반으로 하며 최소 아래 항목이 포함됩니다.

항목	주요 내용
브랜드 개요	상표권 정보, 가맹본사 재무상황, 사업 연혁
가맹점 현황	현재 운영 중인 직영점 · 가맹점 수
대표자 이력	법적 분쟁 · 형사처벌 여부 등
가맹금 및 비용	가맹비, 교육비, 계약이행보증금, 예치제 여부
공급 구조	필수물품, 권장품목, 수익 구조

분쟁 현황	최근 3년 내 소송 및 분쟁 건수
평균 매출	가맹점 기준 최근 1년 평균매출 수치

📌 정보공개서는 브랜드의 단순한 홍보 자료가 아닙니다.
정보공개서에 허위 사실을 기재하거나 중요한 내용을 누락할 경우에는 3년 이하의 징역 또는 3억 원 이하의 벌금 등 형사처벌까지 가능합니다.

■ 가맹계약서 - 정보공개서에 기재된 정보를 구체화하여 작성한 계약서

가맹계약서는 가맹점주와 가맹본사 간에 체결되는 약속입니다. 아래 항목들이 반드시 포함되어야 합니다.

항목	설명
계약 기간	최초 계약기간: 보통 1~3년 기준 갱신 계약기간: 보통 1~3년 갱신 조건 명시
로열티 및 마진 구조	정액제: 고정액/정률제: 매출 비례/물류 마진 등
상표권 사용	브랜드 로고, 메뉴 이름, 디자인 사용권
해지 조건	가맹본사 또는 가맹점주의 계약 해지 조건
위약금 규정	조기 종료 또는 위반 시 손해배상 기준

영업지역 보호	출점 제한 거리, 독점 지역 여부
교육 및 지원 내용	가맹점주에 대한 가맹본사의 의무 항목 명시

📌 가맹계약서는 가맹점주가 가맹사업을 신뢰할 수 있는 기반이 되며 동시에 가맹본사를 법적으로 보호하는 최소한의 방어 장치입니다.

▪ 실무 사례 - 필수서류 등록 없이 시작한 브랜드가 겪은 가장 비싼 수업료

서울 시내에서 고기덮밥으로 유명해진 한 브랜드는 정보공개서와 가맹계약서 등록 없이 개인 간 약식계약서로 가맹계약을 체결했습니다.

인터넷에서 다운받은 계약서 양식을 사용했고 가맹비는 직접 수령하였습니다.

6개월 후 해당 가맹점은 영업 부진으로 폐점했고 가맹점주는 가맹본사를 상대로 가맹사업법 위반에 따른 손해배상 청구 소송을 제기했습니다.

"이익을 보장한다고 들었는데 손해만 있었다."
"정보공개서와 가맹계약서를 사전에 제공받지 않았다."
"가맹비는 예치금이 아니라 바로 가맹본사로 입금했다."

결국 가맹본사는 정보공개서 미등록 및 허위과대광고, 사전정보 미제공, 가맹금 예치제 위반 혐의로 과징금과 형사 고발까지 받게 됐습니다.

이 사건은 가맹사업법을 지키지 않아 발생한 대표적 리스크입니다.

◼ **실무 정리 - 가맹본사 초기 단계에서 준비해야 할 필수 문서들**

구분	명칭	역할
① 법적 등록용	정보공개서 가맹계약서	공정위 등록 또는 지역별 지정 기관/사전 제공 의무
② 거래 보호용	가맹계약서	가맹점주와의 법적 관계 명시
③ 교육용	오픈 매뉴얼	인허가, 장비 설치, 오픈 절차 정리
④ 운영용	조리 · 서비스 매뉴얼 운영매뉴얼	품질 통일/교육 기준 문서
⑤ 클레임 방지용	CS 대응 지침서	고객 민원/가맹점주 이슈 대응 구조

📌 이 중 ①, ②는 법적 의무를 ③~⑤는 실질 운영의 핵심입니다.

▣ 가맹사업 초기에 자주 하는 오해와 진실

오해	진실
정보공개서 등록 없이 시작해도 된다	가맹사업을 시작하려면 등록 필수
약식계약서로 충분하다	공정위 표준계약서 기준 가맹계약서 등록 및 사용필수
가맹비만 안 받으면 괜찮다	금전 수수와 무관하게 등록 및 사전제공의무(14일) 있음

▣ 체크리스트 - 지금 우리 가맹본사는 법적 준비가 되어 있는가?

① 공정위에 등록된 정보공개서 및 가맹계약서를 보유하고 있는가?

② 정보공개서와 가맹계약서가 법률 검토를 거쳐 정비되어 있는가?

③ 모든 예비가맹점주에게 가맹계약 체결 최소 14일 전에 정보공개서를 제공하고 있는가?

④ 예치제 방식으로 가맹금을 수령하고 있는가?

⑤ 가맹본사의 상표권이 등록되어 있고 가맹계약서에 명시되어 있는가?

◼ 이 장을 마치며

　정보공개서와 가맹계약서를 제대로 준비하지 않은 채 가맹사업을 시작하는 건, 운전면허도 없이 도로에 나서는 것과 같습니다.
　한두 번은 문제없이 지나갈 수 있지만, 결국 사고와 단속은 피할 수 없습니다.
　잘 갖춰진 정보공개서와 가맹계약서는 단순한 형식의 문서가 아니라 해당 브랜드의 사업계획서이자 가맹본사에 대한 신뢰를 만들어 주는 가장 중요한 첫 단계입니다.
　그리고 그 신뢰야말로 프랜차이즈 가맹사업이 안정적으로 확장될 수 있는 기반이 됩니다.

3-2

운영의 기준을 만드는 실전 매뉴얼 구성법

"매뉴얼이요? 그건 제가 제일 잘 알죠. 매장 운영은 다 제 머릿속에 있습니다."
"오래된 직원들이라 다 익숙해서 매장은 알아서 돌아가요."

초기 가맹사업을 준비하는 많은 프랜차이즈 대표들이 이렇게 말합니다.
하지만 그 '머릿속 매뉴얼'은 상황에 따라 달라지기도 하고 전달하는 사람에 따라 해석이 달라지기도 하며 관리감독자의 부재 시 잘못 진행되기도 합니다.
매뉴얼은 관리자가 없을 때도 누가 와서 진행해도 동일한 품질로 운영되게 만드는 시스템의 출발점입니다.
이 장에서는 매뉴얼의 진짜 의미와 매뉴얼이 필요한 이유, 실전에서 어떻게 구성해야 실제로 사용하는지를 실제 사례 중심으로 설명합니다.

그리고 초기 가맹본사가 바로 실무에 적용할 수 있는 구성법과 작성 팁까지 포함합니다.

▪ 매뉴얼은 '업무 숙련자'가 아닌 '처음 근무하는 사람'을 위한 것

매뉴얼은 이미 작성된 다른 회사의 매뉴얼을 단순히 내용만 변경해서 사용하는 뻔한 문서가 아닙니다.

처음부터 일을 시작하는 사람, 중간에 교체되어 일하는 사람도 동일한 업무역량을 낼 수 있도록 만드는 도구입니다.

내 머릿속에만 있는 기준은 나만의 감으로만 매장을 운영하는 것이고 누구나 따라할 수 있게 만든 기준이 시스템에 기반한 운영입니다.

가맹본사는 가맹점주와 가맹본사 직원이 언제든 바뀔 수 있다는 점을 알아야 합니다.

매뉴얼은 이런 변화 속에서도 브랜드 통일성과 품질을 지켜주는 꼭 필요한 안전장치입니다.

▪ 사례 ① - 매뉴얼 없이 생긴 문제는 결국 사람을 탓하게 만든다

분식 브랜드 A는 가맹1호점을 진행할 때 대표가 직접 챙기며 매일 현장을 관리했습니다.

하지만 2호점부터는 대표가 현장을 자주 방문하기 어려워졌고 문제는 여기서부터 시작됐습니다.

직원 채용, 주방 동선, 물류 발주 방식, 고객 응대까지 매장 오픈에 필요한 모든 운영사항들이 통화나 카톡으로만 전달되었습니다.

가맹본사 직원도 가맹점주가 특정업무에 대해 문의하게 되면 "그건 그냥 ○○처럼 하시면 됩니다."라고 설명했고 오픈현장은 가맹점주 각자의 해석대로 움직였습니다.

그러면서 어느 매장은 인허가 일정이 밀리게 되어 오픈이 연기되고 어느 매장은 고객에게 응대한 방식으로 항의가 들어왔습니다.

결국 이렇게 발생한 문제에 대해서 가맹본사 책임인지 가맹점의 책임인지만 따지게 되면서 가맹본사와 가맹점주 사이에는 신뢰 대신 불만만 쌓이게 되었습니다.

대표는 "직원들에게 다 설명해서 전달하라고 했는데 왜 그대로 안 하지?"라고 했지만, 가맹점주는 "매뉴얼도 없고 기준도 없는데 직원들이 뭘 전달했다고 하는지 이해할 수 없다."라고 반문했습니다.

결국 이 브랜드는 서로의 탓만 하면서 운영 방식의 한계를 드러냈습니다.

■ 사례 ② - 매뉴얼이 아니라 누구나 손쉽게 운영할 수 있는
시스템을 만든 가맹본사

브랜드 B는 오픈 초기부터 사람에 의존하지 않는 시스템을 고민했습니다.

"누구든 매장에 오면 하루 만에 기본 업무를 익힐 수 있어야 한다."
는 철학으로 아래 3단계 매뉴얼 체계를 구축했습니다.

1단계 - 핵심 업무를 항목별로 나누고 메뉴 조리법은 재료의 중량·조리시간·화력의 강도까지 기준화했습니다.

2단계 - 설명하지 않아도 알 수 있게 만들기 위해 조리 순서와 동선을 사진 기반 체크리스트로 구성했고 각각의 설비에 진행해야 할 업무를 정리한 부착시트를 붙여서 사용하였습니다.

3단계 - 교육은 구두 전달이 아닌 현장 교안 + 영상 병행 학습으로 운영했고 가맹점주가 언제든 다시 보고 학습할 수 있게 가맹본사는 매뉴얼을 수시로 업데이트 하고 구글 드라이브로 공유했습니다.

그 결과 가맹점에서는 신규인력이 채용되더라도 손쉽게 매장교육을

진행할 수 있었고 가맹점주는 "가맹본사의 교육 시스템이 잘 되어 있어서 매장운영이 편하다."는 답변을 하였습니다.

이 브랜드는 누구나 손쉽게 확인할 수 있고 운영할 수 있는 시스템을 만든 것으로 가맹점과의 신뢰를 쌓았습니다.

■ 가맹사업 운영에 필수적인 매뉴얼의 종류

프랜차이즈 가맹본사가 갖춰야 할 기본 매뉴얼은 다음과 같습니다.

구분	매뉴얼명	목적
조리 매뉴얼	메뉴별 중량·공정 기준	맛의 표준화
위생 매뉴얼	청소, 소독, 점검 기준	법적 위반 예방
CS 매뉴얼	응대 스크립트, 민원 처리	고객 만족도 유지
오픈 매뉴얼	인허가, 장비, 준비 리스트	오픈 실패 방지
운영 매뉴얼	매장운영, 발주, 재고, 정산, 보고 체계	가맹점주 운영 안정화
교육 매뉴얼	가맹점, 가맹본사직원 교육 커리큘럼	숙련도 일관성 유지

📌 이 매뉴얼들은 반드시 '문서' 형태로 존재해야 합니다.
그리고 중요한 것은 '매뉴얼이 정리되어 있다.'가 아니라 '누구나

찾아볼 수 있고 실제로 현장에서 사용되어야 한다.'는 점입니다.

■ 누구나 사용할 수 있는 매뉴얼이 되기 위한 3가지 필수 요소

① 사진, 영상 또는 도식화
말이나 글보다 빠르게 이해할 수 있는 시각 자료.
예: 메뉴 세팅 사진, 주방 동선 도면, 응대 흐름 차트 등

② 기준 수치화
사람의 생각이 아닌 기준값에 의존하게 만드는 핵심.
예: 볶음김치 80g, 3분 조리, 70도 이상 보온 유지

③ 이유 설명 추가
"손님에게 이 말을 먼저 해야 합니다." → 왜?
이해 없이 단순히 외우게 하면 고객응대에서 문제점 발생.

■ 실무 작성법 - 매뉴얼을 처음 만드는 가맹본사를 위한 팁

Step 1. 실제 운영 기준 정리
본인 또는 실무자가 운영하는 방식.
→ 운영자가 실제로 매장에서 수행하는 업무를 항목별·시간대별로

나열합니다.

Step 2. 항목별 표준화
메뉴: 조리 순서, 중량, 도구, 시간.
CS: 질문 상황 - 응답 멘트 - 마무리 안내

Step 3. 문서화/도식화
표, 사진, 체크리스트를 활용하여 글보다 빠르게 전달되게 구성합니다.

Step 4. 테스트 운영 후 보완
실 매장에서 적용 → 문제 발생 → 대처 후 수정 → 재배포

Step 5. 온라인 공유 구조 마련
네이버 카페, 클라우드, 구글 드라이브 등 → 최신 버전 동기화 가능

▪ **매뉴얼은 누가 봐도 처음 보는 사람 기준(초등학생도 이해할 수 있는 수준)으로 만들어야 합니다**

📌 **실제 운영자들이 가장 많이 저지르는 실수 4가지**

① 매뉴얼이 없는데도 운영에 문제없다고 착각함.

② 가맹본사 직원만 이해할 수 있는 방식으로 정리되어 있다.
③ 매뉴얼이 출력되어 인쇄물로만 존재하고 내용 수정이 어렵다.
④ 점포마다 각기 다른 버전의 매뉴얼을 사용하고 있다.

◼ 체크리스트 - 지금 우리 가맹본사는 매뉴얼을 사용하고 있는가?

① 전체 매뉴얼이 '문서로' 정리되어 있다.
② 별도 교육 없이도 새로 입사한 직원이 매뉴얼만 보고 기본 업무가 가능하다.
③ 동일한 고객과 내용의 클레임이 반복되지 않는다.
④ 매장의 상품 및 서비스 품질의 편차가 크지 않다.
⑤ 가맹점주가 매뉴얼의 내용을 가맹본사의 관리기준으로 인식한다.

◼ 이 장을 마치며

프랜차이즈에서 매뉴얼은 단순한 종이 문서가 아닙니다.
브랜드를 지속 가능하게 만드는 운영 인프라이며 운영하는 사람이 바뀌어도 프랜차이즈 시스템이 그대로 유지되도록 만드는 것이 바로 가맹본사의 진짜 힘입니다.
프랜차이즈 가맹사업을 시작하려 한다면 브랜드를 기획하는 단계에서부터 매뉴얼 작성은 반드시 함께 진행되어야 합니다.

매뉴얼이 없다면 프랜차이즈 시스템 역시 없는 것이며 그 상태에서 시작된 가맹본사는 언제든 무너질 수 있는 불안한 기반 위에 서 있는 셈입니다.

프랜차이즈는 누가 운영하든 동일한 경험을 제공하는 시스템으로 증명되는 사업입니다.

그리고 그 출발점은 형식적인 문서가 아닌 현장에서 실제로 사용하는 살아 있는 매뉴얼에서 시작됩니다.

3-3

지속 가능한 수익구조와 가맹금 예치제 운영 전략

"가맹비와 교육비는 얼마가 적정할까요?"

"로열티는 고정비용으로 받는 게 좋을까요? 다른 회사는 매출의 3%로 받는데 저희도 그게 좋을까요?"

프랜차이즈 가맹사업을 시작하려는 대표님들이 가장 많이 묻고 가장 중요하다고 생각하는 질문입니다.

하지만 가맹본사의 수익구조는 단순히 가맹비나 시설비, 물류 마진만으로 판단해서는 안 됩니다.

가맹본사의 수익은 계약 시점에 확정되는 수익(최초가맹금)과, 가맹점 운영을 통해 지속적으로 발생하는 수익(지속가맹금) 두 축으로 설계되어야 하며 동시에 가맹점주 보호를 위한 가맹금 예치제에 대한 이해도 반드시 필요합니다.

이 장에서는 프랜차이즈 가맹본사의 수익을 구성하는 5가지 요소와 가맹금 예치제의 개념 및 실무 운영 방식을 실제 사례 중심으로 설명합니다.

▣ 핵심 개념 - 확정 수익과 지속 수익의 균형이 핵심

프랜차이즈 가맹본사의 수익은 크게 다음 두 가지로 나눕니다.

구분	정의	예시
확정수익	계약 시점에 확정되는 수익 (최초가맹금)	가맹비, 교육비, 인테리어 및 시설공사 마진 등
지속수익	점포 운영 기간 동안 지속되는 수익(지속가맹금)	로열티, 물류 마진, 광고비, 기타수익 등

📌 가맹사업 초기에는 가맹비와 교육비, 시설비가 가맹본사의 주 수익원이 되지만 장기적으로는 가맹점 운영을 안정화하여 가맹본사의 지속수익이 증가하는 구조를 만드는 것이 이상적입니다.

▣ 프랜차이즈 가맹본사의 수익구조 5대 구성요소

항목	수익 방식	설명
① 가맹비	예치(선불) /일시납	브랜드 사용료, 시스템 구축비로 정당한 대가 요구 가능

② 교육비	예치(선불) /인당 기준	오프라인·온라인 교육에 소요되는 비용 청구
③ 인테리어 마진	시공 관리비 형태	직영공사 또는 제휴업체를 통한 수익 확보
④ 물류 마진	원재료·필수품 공급	가맹본사 수익의 주요 원천, 단 과도한 마진은 가맹점 부담으로 작용
⑤ 로열티	매출 비례(정률제) 또는 정액(정액제)	운영 수익의 안정적 기반, 투명성 필수

📌 이 외에도 광고 분담금, 공동 프로모션 수수료, 제휴 수익 등은 보조 수익원으로 분류됩니다.

▣ 실무 사례 ① - 최초가맹금 구조의 실패

떡볶이 전문 브랜드 A는 "로열티 없음"이라는 문구를 전면에 내세우며 단기간 내 빠른 가맹사업 확장을 시도했습니다.

가맹비는 1,000만 원, 인테리어는 가맹본사 지정업체를 통해서만 시공이 가능했고 일부 품목에 한해 가맹본사 물류를 공급하는 방식이었습니다.

그 결과 1년 만에 80개 가맹점을 유치하며 최초가맹금 기준 약 8억 원의 수익을 확보했습니다.

하지만 문제는 그 다음부터였습니다.

월 로열티를 받지 않으니 점포 운영과 관계없이 가맹본사 수익은 더 이상 늘어나지 않았고 가맹점이 많아질수록 운영 지원 인력 부족과 고정비가 증가하였습니다.

결국 가맹본사는 각 점포의 요구에 즉각적으로 대응하지 못했고 초기 기대와 달리 가맹점주들의 불만이 누적되기 시작했습니다.

가맹점주들의 불만은 곧 가맹점 이탈로 이어졌고 2년이 채 지나기 전에 절반 이상의 매장이 폐점하는 결과를 맞았습니다.

외형적인 빠른 확장은 가맹사업의 성공처럼 보였지만 지속적인 고정수익 없이 최초가맹금에만 의존한 구조는 결국 가맹본사 운영을 지속할 수 없는 상태로 만든 것입니다.

■ 실무 사례 ② - 지속가맹금 구조의 성공

반면 김밥 브랜드 B는 비교적 조용하게 사업을 시작했지만 수익 구조는 매우 치밀하게 설계되었습니다.

가맹비는 300만 원, 교육비는 200만 원으로 진입 장벽을 낮췄으며 다양한 물류 품목을 직접 공급하면서도 가맹점주 만족도를 우선시한 품질 관리에 집중했습니다.

매출의 2%를 로열티로 받는 구조에 정액 광고비로 월 30만 원 정도를 설정해 수익 흐름을 예측 가능하게 만들었습니다.

물류 마진도 평균 20% 내외로 유지해 과도하지 않게 설계했고, 이

덕분에 가맹점주들의 사입 없이 가맹본사가 공급하는 물류를 우선으로 사용했습니다.

안정된 수익 덕분에 가맹본사는 슈퍼바이저, 메뉴 R&D, 마케팅 등 핵심 부서를 정규 인력으로 확보할 수 있었고 매장당 가맹본사의 월 수익은 약 70만~100만 원 수준으로 유지되었습니다.

전체 가맹점 수가 200개에 이르자 가맹본사의 월 고정 수익은 약 2억 원 규모로 안정화되었습니다.

이 브랜드는 가맹점의 수보다 장기운영 중인 가맹점이 많아질수록 가맹본사의 수익이 자연스럽게 증가하는 구조로 설계되었고 그 중심 전략이 장기적인 성장을 이끌었습니다.

■ 가맹본사 수익 설계 시 반드시 고려해야 할 기준

항목	핵심 포인트
수익원의 다각화	최초가맹금(가맹비, 교육비 등) 외 지속적인 수익 구조 확보 필수
가맹금의 투명성	항목별 세부 내역 명시 및 세금계산서 처리
가맹점주의 이익률 고려	가맹점주 원가율, 순이익률 구조 이해 후 마진 설정
가맹계약서에 반영	수익 항목은 모두 가맹계약서에 명시해야 분쟁 방지
교육비·관리비	교육기간 장소 투입비용 등을 고려해서 마진 설정

▣ 예치금 제도의 개념과 운영

프랜차이즈 가맹사업에서 '가맹금 반환 분쟁'은 가맹점주와 가맹본사 모두에게 큰 리스크로 작용합니다.

특히 가맹점 영업을 시작하기도 전에 계약이 파기되는 상황에서 가맹비·교육비 등의 반환 여부를 둘러싼 충돌이 자주 발생합니다.

가맹사업법에서는 이러한 문제를 예방하고 가맹점주를 보호하기 위해서 마련된 제도가 바로 예치금 제도입니다.

📌 예치금 제도는 크게 다음 두 가지 방식으로 운영됩니다.

구분	방식	설명
① 가맹금 예치제	예치계좌 운영	가맹본사가 수령하는 가맹금을 은행이나 지정기관에 일정 기간 예치하고, 가맹금 반환 사유 발생 시 가맹점주가 환급받을 수 있도록 하는 방식
② 가맹점 사업자 피해 보상보험	보험 계약 체결	가맹본사가 보증보험회사와 계약을 맺고, 가맹점주가 피해를 입을 경우 보증보험을 통해 금액을 보상받는 구조

📌 예치금 제도와 관련해서 정보공개서 등록 시 어느 방식으로 운영하는지 명시해야 합니다.

▣ 예치제 실무 운영 절차

예치금 제도는 단순히 자금을 보관하는 개념이 아니라, 가맹사업법에 따라 법적인 보호장치로 사용해야 합니다.

따라서 다음과 같은 절차와 기준을 충실히 따라야 합니다.

항목	주요 내용
운영 주체	신한은행, 하나은행 등 지정된 금융기관 또는 예치기관
예치 기간	가맹계약일로부터 가맹점 영업 개시 후 7일이 경과할 때까지
반환 사유	가맹점주의 중도 해지, 인허가 불허 등 정당한 사유 발생 시
입금 절차	가맹본사 계좌가 아닌 예치기관 전용 계좌로 입금 수령
제공 서류	가맹금 예치확인서 원본을 수령하여 가맹점주에게 사본 제공
법적 표시	정보공개서 및 가맹계약서에 '예치제 방식' 명시 필수

📌 특히 가맹금 예치기간이 종료되기 전까지는 가맹본사가 해당 금액을 절대 인출할 수 없으며 이를 위반할 경우 공정거래위원회의 시정명령 또는 과태료 처분 대상이 됩니다.

▣ 실무 정리 - 수익구조 및 예치금 설계 체크리스트

① 가맹비, 교육비, 계약이행보증금 등 수익 항목이 명확히 분리되

어 있는가?
② 지속가맹금(로열티, 물류 마진 등)의 구조가 가맹점주의 수익성과 조화를 이루는가?
③ 인테리어 마진, 리베이트 등의 수익이 과도하지 않은가?
④ 수익 항목이 모두 계약서에 조항별로 명확히 명시되어 있는가?
⑤ 예치제 운영 기관과의 계약을 맺고 실제 시스템을 사용 중인가?

이 장을 마치며

프랜차이즈는 현재의 가맹점 수만 많다고 해서 단순하게 수익이 나는 구조가 아닙니다.

진짜 중요한 건 10년 이상 장기운영 가맹점이 많을수록 가맹본사의 수익이 안정적으로 누적된다는 사실입니다.

따라서 수익구조를 설계할 때는 가맹본사의 이익만이 아니라 가맹점주의 수익성, 가맹점의 사업 지속 가능성 그리고 법적 정당성까지 함께 고려해야 합니다.

가맹계약은 상호간의 서명으로 끝나는 것이 아니라 가맹점 운영으로 이어지는 수익 흐름과 가맹점주의 신뢰를 함께 만들어내는 과정입니다.

그 흐름을 안전하게 설계한 가맹본사만이 오래 살아남습니다.

3-4

MVP 기반 프랜차이즈 운영법

"직원도 없고 시스템도 아직 제대로 갖추지 못했는데 지금 가맹사업을 시작해도 괜찮을까요?"

"아직 여러 가지 부족한 것 같은데 모든 걸 완벽하게 갖추고 가맹사업을 시작해야 하지 않나요?"

프랜차이즈 가맹사업을 준비하시는 대표님들이 가장 많이 던지는 질문 중 하나입니다.

하지만 많은 스타트업 기업들이 시장에 빠르게 진입하기 위해 완성형태가 아닌 비즈니스가 가능할 정도의 최소한의 시스템을 가지고 시작하듯 프랜차이즈 가맹사업 또한 마찬가지입니다.

처음부터 모든 걸 완벽하게 갖추려 하다 보면 결국 가맹사업을 시작조차 하지 못하게 됩니다.

이 장에서는 **MVP(Minimum Viable Product)** 개념을 프랜차이즈 가

맹사업에 적용해 법적 리스크를 예방하고 프랜차이즈 가맹본사의 운영 인원이 없어도 시작 가능한 최소한의 가맹사업 운영구조를 어떻게 설계할 수 있는지 단계별로 안내합니다.

▣ MVP는 '최소 운영 가능 시스템'

MVP란 스타트업 용어로 **시장에 가장 빠르게 출시할 수 있는 핵심 기능 중심의 최소 제품**을 의미합니다.

이를 프랜차이즈 가맹사업에 적용하면 다음과 같은 정의가 됩니다.

가맹점주가 가맹점을 안정적으로 오픈하고 운영할 수 있도록 가맹본사가 반드시 갖추어야 할 최소한의 운영 시스템.

여기서 말하는 '최소한의 시스템'이란, 운영 직원이 없고 대표 혼자 운영하더라도 법적으로 문제가 없고 가맹점주가 불편 없이 매장을 오픈·운영할 수 있는 상태를 말합니다.

▣ 프랜차이즈 MVP 4단계 구축 전략

Step 1: 핵심 문서 세트 정리

- **정보공개서**: 공정거래위원회 등록 기준에 부합하는 문서
- **가맹계약서**: 공정거래위원회 표준 계약서를 기반으로 정보공개

서에 기재된 내용을 포함하여 가맹본사와 가맹점간의 권리와 의무에 관한 사항을 작성한 문서

- **브랜드 운영 매뉴얼(요약본)**: 상품/서비스/오픈/위생/매장운영 관련 핵심을 요약 정리한 문서

매뉴얼의 페이지 수가 많은 것은 중요하지 않습니다.
가맹점주가 가장 궁금해 하고 매장 운영에 꼭 필요한 내용이 담겨있는 것이 핵심입니다.

Step 2: 운영 매뉴얼 구축(요약본)

항목	운영매뉴얼 요약본 구성법
조리 기준	메뉴별 식자재 중량·조리 시간을 PDF 1~2장 내외로 간단 정리
위생 관리	일일 위생 체크리스트 형식으로 시트 구성
고객 응대	자주 발생하는 민원 대응 Q&A 5~10개, 스크립트 형태

📌 출력 가능한 문서로 제작하고 구글 드라이브 공유 또는 인쇄 배포 가능.

Step 3: 내부 업무 체계 구축

- **가맹점주 문의 및 클레임 관리**: 오픈채팅방 또는 구글폼 기반 자동화
- **물류발주/비용정산**: 구글 시트 또는 엑셀 양식
- **마케팅 협의**: 카카오톡 단톡방 + 이미지 템플릿 제공

📌 디지털 툴을 활용하면 인력이 부족한 가맹본사도 반복 문의를 체계화할 수 있습니다.

Step 4: 교육 시스템 구성

- **오프라인 교육**: 1일 집중 교육(실제 매장 운영 위주 교육)
- **교육 영상**: 자주 묻는 질문 위주로 2~3편 제작
- **PDF 교안**: 가맹점주가 직원 교육용으로 재활용 가능하도록 제작

📌 교육 시스템에서 중요한 건 현장에서 반복적으로 사용이 가능해야 합니다.

▣ 실전 사례 - MVP 시스템으로 첫 가맹 성사

쌀국수 브랜드를 운영하던 C가맹본사는 약 1년간 직영점으로만 운영해 오던 중 첫 번째 가맹점 문의를 받았습니다.

직원은 단 1명, 별도의 사무실도 없는 상황이었지만 본사는 즉시 핵심만 담은 MVP 시스템을 빠르게 구축했습니다.

① 정보공개서와 가맹계약서: 변호사와 가맹거래사의 검토를 거쳐 법적으로 문제없이 등록
② 조리 매뉴얼: 주요 메뉴 10종의 레시피를 정리하고 주방에 부착할 수 있도록 시트 형태로 제작
③ 가맹점주 교육: 2일 오프라인 실습 중심 교육으로 실전 운영 능력 확보
④ 발주 시스템: 구글 시트를 활용한 간단한 발주표로 최소한의 물류 시스템 마련
⑤ 마케팅: 템플릿 디자인으로 통일된 홍보물을 제공해 가맹점 개별 부담 최소화

비록 부족한 점도 있었지만 가맹점은 큰 혼선 없이 안정적으로 오픈할 수 있었고 C 가맹본사는 첫 매장 운영 과정에서 발생한 문제들을 기반으로 시스템을 지속적으로 보완해 나갔습니다.

그 결과 1호점 오픈 후 3개월 만에 2호점과 3호점까지 빠르게 확장에 성공하며 작은 시스템이라도 제대로 준비하면 가맹사업이 충분히 현실화될 수 있음을 증명했습니다.

▣ 가맹본사 초기 운영 MVP 체크리스트

영역	점검 항목
문서	정보공개서, 가맹계약서, 메뉴 조리 매뉴얼(PDF)
교육	2일 교육(현장실습) 커리큘럼, 교육 영상 2개 이상
발주	구글 시트 또는 엑셀 양식, 정산 기준표
응대	오픈채팅방 또는 구글폼 기반 문의 처리
인허가	오픈 일정표, 인허가 절차 매뉴얼, 점검 리스트
클레임	민원 대응 스크립트, 처리 기록 양식

📌 위 항목 중 80% 이상이 준비되어 있다면 가맹사업 시작이 가능합니다.

▣ 주의사항 - MVP는 '대충 만드는 것'이 아니다

MVP라고 해서 완성도가 떨어져도 괜찮다는 뜻은 아닙니다.
작게 만들었더라도 가맹점에서 실제로 사용하고 불편함 없이 운영할 수 있어야 하며 기초 시스템이라 하더라도 브랜드 신뢰를 무너뜨리지 않는 수준은 반드시 확보되어야 합니다.
'작고 단순하지만, 명확하게 사용하는 것'이 MVP입니다.

① 판매 메뉴가 많을 필요는 없지만, 판매 메뉴에 대한 정확한 기준은 정리되어야 합니다.
② 교육 영상이 많을 필요는 없지만, 자주 묻는 질문은 반드시 포함돼야 합니다.
③ 매뉴얼이 두껍지 않아도 되지만, 누구나 이해하고 따라할 수 있어야 합니다.

📌 '간단한 것'이 중요한 게 아니라 '실제로 현장에서 사용되는 것'이 프랜차이즈 MVP 시스템의 핵심입니다

이 장을 마치며

프랜차이즈 시스템은 처음부터 완벽하게 만들기는 사실 어렵습니다. 하지만 최소한 가맹점주가 불만 없이 오픈하고 운영할 수 있을 수준은 반드시 되어야 합니다.

MVP 관점은 사람과 자원이 부족한 초기 가맹본사가 선택할 수밖에 없는 가장 현실적인 전략입니다.

작게 시작하되 단단하게 구축하십시오.

그게 곧 가맹사업의 확장 기반이 됩니다.

4장

가맹 영업과
콘텐츠 전략

4-1

광고보다 콘텐츠, 가맹상담 전환을 높이는 진짜 전략

많은 가맹본사들이 광고를 집행하고 사업설명회를 열며, 가맹상담까지 활발하게 진행합니다.

하지만 막상 가맹계약으로 이어지지 않는다는 현실적인 고민을 안고 있습니다.

가맹계약이 어렵다는 이야기는 프랜차이즈 영업 현장에서 가장 자주 듣는 목소리입니다.

홈페이지를 개설하고, 브랜드 채널을 운영하며, 사업설명회와 가맹상담을 반복해도 예비창업자의 입장에서 신뢰할 수 있는 브랜드인가에 대한 확신이 들지 않으면 가맹계약은 쉽게 이뤄지지 않습니다.

대부분의 가맹본사가 콘텐츠를 제작할 때 브랜드가 얼마나 매력적인가에 집중하지만 예비창업자는 내가 이 브랜드로 창업해도 정말 괜찮을까?를 묻고 있습니다.

결국, 중요한 건 브랜드의 홍보가 아니라 예비창업자의 불안을 해소하고 신뢰를 형성할 수 있는 콘텐츠입니다.

이 장에서는 단순한 광고나 브랜드 소개를 넘어 가맹계약으로 이어지는 콘텐츠의 구성 방식과 예비창업자의 심리를 따라 설계된 실전 콘텐츠 전략을 소개합니다.

■ 가맹영업 콘텐츠는 브랜드에 대한 '사전 경험'이다

예비창업자는 가맹계약 전에 창업하고자 하는 가맹본사의 시스템이나 분위기, 가맹점 운영방식과 매장 운영 인원까지 이미 대부분을 '가맹본사의 콘텐츠'를 통해 판단하고 있습니다.

따라서 영업 콘텐츠는 브랜드의 단순한 소개자료가 아니라 예비창업자의 불안과 궁금증을 해소할 수 있는 흐름으로 구성되어야 합니다.

"이 브랜드 정말 매출이 이렇게 많이 나오는 걸까?"
"예상 수익은 진짜일까?"
"나 같은 경험 없는 사람도 이걸 할 수 있을까?"
"내가 매장 운영 중에 문제가 생기면 가맹본사가 어떻게 지원을 해주나?"

이런 고민들에 가맹본사는 예비창업자에게 명확한 답을 제시해야 가맹계약이 성사될 확률이 높습니다.

■ 프랜차이즈 가맹영업 콘텐츠의 5대 구성요소

① 브랜드 소개 콘텐츠
♬ 목적: 브랜드의 탄생 배경과 대표자의 철학을 통해 신뢰 형성.
📄 구성 예시:
  - 창업자가 왜 이 브랜드를 시작했는지에 대한 스토리 영상(3~5분).
  - 블로그 글로 구성된 대표 인터뷰 및 창업 철학 연재 시리즈.
  - 브랜드 철학을 설명하는 인포그래픽(예: '정직한 재료', '1인 창업 최적화').
📄 제작 포인트:
  - 영상은 지나치게 상업적이기보다는 '인간적인 이야기' 중심.
  - 브랜드 철학이 고객과 가맹점주 모두에게 어떻게 적용되는지 구체적으로 연결.

② 운영 시스템 콘텐츠
♬ 목적: 가맹점주가 실제로 '이 브랜드를 운영하면 어떤 모습일까'를 가늠할 수 있도록 함.
📄 구성 예시:
  - 1분 이내의 메뉴 조리 시연 영상(조리의 표준화로 간편함 강조).
  - 교육방식 안내 영상(1일 교육 커리큘럼 구성/사전자료 예시 포함).

- 고객 응대 매뉴얼 중 '자주 나오는 클레임 대응'을 카드뉴스로 요약.

📝 제작 포인트:
- 시스템이 매뉴얼화되어 있고, 누구나 따라 할 수 있다는 인상을 주는 것이 핵심.
- 인쇄용 PDF + 영상 병행 구성(오프라인·온라인 모두 대응).

③ 가맹점주 인터뷰 콘텐츠

🎯 목적: '나 같은 사람도 할 수 있겠다.'는 공감 형성과 신뢰 전달.

📝 구성 예시:
- 실제 가맹점주의 매장 운영 브이로그(오픈 준비부터 운영까지).
- "처음엔 두려웠지만 지금은 만족한다."는 스토리 중심 인터뷰.
- 가맹점주가 느낀 가맹본사의 지원, 수익 안정성, 창업 후 변화에 대한 감정 중심 리뷰.

📝 제작 포인트:
- 연출된 가맹본사에 대한 칭찬보다, 실제 경험을 중심으로 공감 유도.
- 말보다 표정과 행동으로 신뢰가 전달되는 포맷 활용(간단한 영상 편집 OK).

④ 수익구조 콘텐츠

🎯 목적: 가맹점주가 '위험과 수익'을 스스로 판단할 수 있도록 돕는 정량 정보 제공.

📝 구성 예시:

- 가맹점 기준 매출/원가/운영비/순이익 표 공개.
- 월 고정비 vs 변동비 구조 요약표.
- 손익분기점(BEP) 분석 예시: "월 매출 1,300만 원 시 손익분기점 도달"
- 초기투자금 회수기간 예시, 점포 규모별(소형·중형) 수익률 비교표.

📄 제작 포인트:
- 예상 매출보다는 원가 구조와 고정비 구조 설명이 핵심.
- 수익은 평균값보다 범위(예: 250~350만 원)를 제시하는 것이 신뢰를 높임.

* 수익구조 콘텐츠는 허위 과대광고에 대한 문제가 발생할 수 있으므로 정확하고 객관적인 자료를 바탕으로 진행.

⑤ 사업설명회·상담 콘텐츠

🎯 목적: 실제 가맹계약 직전에 예비창업자의 결정을 뒷받침할 핵심 설득 도구.

📄 구성 예시:
- 사업설명회용 PT 자료(20장 내외, 브랜드 소개 → 예상수익 → 가맹계약 흐름 순 구성)
- 가맹 상담 시 제공하는 '가맹 전 안내서' PDF(정보공개서 주요 항목 요약본 포함)
- FAQ 자료집: 가맹점주가 자주 묻는 20가지 질문 정리(예: "점포

도 찾아 주시나요?", "물류는 며칠에 한 번씩 오나요?")
- 제작 포인트:
  - 상담자의 설명을 돕는 시각 자료로 구성해야 함.
  - 단순 정보보다 '의사결정 기준'이 명확하게 드러나야 계약 전환율이 높아짐.

■ 실무 사례 - 콘텐츠 개편으로 상담 전환율 3배 상승

1. 문제 상황 - 가맹상담은 많은데 가맹계약은 안 되는 이유

커피 프랜차이즈 브랜드 A는 SNS 광고에 매달 수백만 원을 투자하고 있었습니다.

유튜브 광고와 블로그 마케팅도 활발히 진행 중이었고 매달 수차례 사업설명회도 진행했지만 실제 가맹계약으로 이어지는 전환율은 1%도 되지 않았습니다.

표면적인 마케팅은 활발했지만 예비창업자의 시선에서는 '이 브랜드를 믿고 창업해도 되는지' 판단할 근거가 부족했습니다.

실제로 예비창업자들은 이렇게 말했습니다.

"광고는 많은데 진짜로 믿을 만한 정보는 없어요."
"이 브랜드가 운영은 어떻게 되는지도 모르겠고, 대표는 어떤 사람인지도 잘 모르겠네요."

"사업설명회에 가 봤는데, 뭔가 말은 많은데 현실적인 내용이 없었어요."

2. 원인 분석 - 브랜드만 말하고 시스템은 말하지 않았다

브랜드 A의 기존 콘텐츠를 분석해 본 결과 실제 문제가 어디에 있었는지 명확하게 드러났습니다.

유튜브에는 '매출이 높다.'는 광고성 메시지만 반복되고 블로그에는 인테리어 사진과 메뉴 이미지 위주의 콘텐츠만 업로드되며 사업설명회에서는 대표의 비전과 철학만 강조됐고 정작 중요한 매장 운영 방식이나 수익 구조, 본사의 지원 시스템에 대한 내용은 거의 없었습니다.

결국 브랜드 A의 콘텐츠는 우리가 하고 싶은 말은 있었지만, '예비창업자가 듣고 싶은 말'은 없었던 것입니다.

3. 실행 조치 - 예비창업자의 심리 흐름을 기준으로 콘텐츠 전면 개편

브랜드 A는 '가맹상담 전환 → 가맹계약 전환'의 흐름을 고려해 콘텐츠를 전면적으로 개편했습니다.

예비창업자의 심리 흐름(관심 → 이해 → 공감 → 판단 → 신뢰 → 결정)에 맞춰 다음과 같은 구조로 브랜드 콘텐츠를 재설계했습니다.

① 브랜드의 시작 배경과 철학을 담은 창업자 스토리 영상 제작(3분 이내).

② 메뉴 조리 과정을 실제 가맹점주 인터뷰와 결합한 매장 운영 영상 업로드.
③ 실제 운영 중인 가맹점주의 후기 브이로그 제작.
④ 예상 수익이 아닌 실제 손익 구조와 BEP 분석표 공개(월 고정비, 원가 포함).
⑤ 사업설명회용 PT자료를 예비창업자의 결정 흐름에 맞춰 개편 후 사전 배포.
⑥ 가맹상담 시 제공하는 FAQ 자료집 제작(가맹점주들이 가장 많이 묻는 20가지 질문 정리).

이 모든 콘텐츠는 온라인과 오프라인에서 동시에 활용될 수 있도록 블로그·유튜브·가맹상담 자료·사업설명회 자료로 일괄 연동하여 배포되었습니다.

4. 결과 변화 - 가맹상담 전환율 2.5배, 가맹계약 전환율 3배 상승

콘텐츠 개편 이후, 브랜드 A는 단 3개월 만에 뚜렷한 변화를 체감했습니다.

사업설명회 신청자 수는 이전보다 1.8배 증가했고 가맹상담을 받은 예비창업자의 60%가 "콘텐츠를 미리 보고 신뢰가 생겼다."고 응답했으며 실제 계약 전환율은 기존 대비 3배 가까이 상승했습니다.

이 결과는 단순히 콘텐츠의 양을 늘려서가 아니라 예비창업자가 느

끼는 불안과 궁금증에 정면으로 답을 주는 콘텐츠를 제작했기 때문입니다.

■ 콘텐츠 흐름 구성법 - 예비창업자의 심리 흐름을 따르라

'예비창업자는 내가 정말 이걸 할 수 있을까?'를 판단하고자 합니다. 따라서 모든 콘텐츠는 아래 심리 흐름을 따라 배치되어야 합니다.

단계	가맹점주의 내면 질문	콘텐츠 예시
관심	"괜찮아 보이는데?"	브랜드 스토리, 썸네일, 홈페이지
이해	"운영은 어떻게 하지?"	조리 영상, 교육 매뉴얼 요약, 시뮬레이션 영상
공감	"나 같은 사람도 가능할까?"	가맹점주 인터뷰, 매장 브이로그
판단	"돈은 얼마나 벌 수 있지?"	수익 구조표, 원가분석표, 손익 시뮬레이션
신뢰	"문제 생기면 어떻게 대응하나?"	CS 매뉴얼, 가맹본사 지원 영상, 위기 사례 공개
결정	"계약해도 괜찮겠어."	사업설명회 PT, 정보공개서, 가맹계약서, FAQ 자료집

📌 이 흐름이 가맹영업 콘텐츠에 녹아 있어야 가맹계약까지 이어질 확률이 올라갑니다.

▣ 콘텐츠 유형별 구성 팁

콘텐츠 종류	형식	주요 구성 포인트
브랜드 스토리	영상/블로그	창업자 철학, 브랜드 비전, 창업 계기 등 인간적 메시지 중심
운영 시스템	영상/카드뉴스/이미지	조리 매뉴얼, 위생 점검표, 교육 커리큘럼 등 시각 중심 콘텐츠
가맹점주 후기	인터뷰 영상/브이로그	실제 가맹점주의 목소리와 매장 일상 공개, 가감 없는 표현 중심
수익 예시	표/그래프/설명문	가맹점 실제 운영 수치, 매출/원가/순이익 구조, 손익분기점 설명 포함
사업설명회 PT	PDF/발표자료	15~20장 내외, 브랜드 이해 → 수익 이해 → 계약 설명 흐름 반영

▣ 콘텐츠 배포 채널별 전략

채널	전략 포인트
블로그	SEO 키워드 중심 운영 시스템 시리즈, 브랜드 철학 연재
유튜브	1분 쇼츠: '이건 꼭 알아야 함' 시리즈/5~10분 설명 영상 병행
인스타그램	감성 이미지 + 현실 창업 상황 조합 (예: 가맹점주 일상, 손님 후기, 메뉴 조리 장면)
사업설명회	사전 PT파일 제공, 현장 배포용 계약 안내서, 상담 후 FAQ 자료집 메일 발송

▣ 콘텐츠 제작 시 유의사항

📌 다음과 같은 콘텐츠 구성은 가맹상담률과 가맹계약률을 모두 떨어뜨릴 수 있습니다.

① 브랜드만 강조하고 프랜차이즈 운영 시스템에 대한 정보가 없다.
② 예상 매출만 말하고 세부적인 근거가 없다.
③ 가맹점주 인터뷰가 가맹본부에 대한 추상적 칭찬에 그치고 예비 창업자가 공감할 포인트가 부족하다.

가맹 영업 콘텐츠는 가맹모집 광고가 아닌 브랜드를 탄탄하게 알리는 설명서라는 관점으로 접근해야 합니다.
광고계획보다 먼저 준비되어야 할 것은 내실 있는 콘텐츠입니다.

▣ 체크리스트 - 우리 가맹본사의 영업 콘텐츠 수준은?

📌 다음 항목 중 3개 이상이 없다면 광고마케팅의 집행보다 브랜드 콘텐츠 정비가 시급합니다.

① 브랜드 스토리 영상 또는 브랜드 철학 중심 콘텐츠.
② 메뉴 조리, 운영 방식 관련 영상 또는 시각 콘텐츠.

③ 실제 가맹점주가 등장하는 인터뷰 영상 또는 매장 브이로그.
④ 수익 구조를 수치로 정리한 콘텐츠(표, 그래프 포함).
⑤ 사업설명회용 PT자료, 가맹계약 안내서, 창업 FAQ 문서.

■ 이 장을 마치며

프랜차이즈 가맹사업에서 영업 콘텐츠는 내 브랜드를 알리기 위한 단순한 광고나 브랜드 소개 자료가 아닙니다. 예비창업자가 실제로 가맹계약을 결정하는 데 있어 핵심적인 판단 기준입니다.

가맹상담이 가맹계약으로 이어지는 순간은 단순한 설득의 결과가 아닙니다.

이미 충분한 콘텐츠를 통해 그 브랜드의 운영 방식과 프랜차이즈 시스템을 구체적으로 이해한 예비 창업자가 스스로 확신을 가지는 순간입니다.

가맹사업은 브랜드에 대한 감정이나 호기심만으로 시작되지 않습니다.

예비창업자는 이 브랜드로 창업하면 정말 안전하고 괜찮을까?라는 질문에 현실적인 해답을 찾고 싶어 합니다.

그리고 그 해답은 말이 아니라 구조화된 콘텐츠로 미리 보여 줄 수 있어야 합니다.

'보여 준 만큼 믿게 되고 믿게 된 만큼 움직인다.'

이것이 콘텐츠 전략의 본질입니다.

4-2

계약으로 이어지는 가맹상담 전략과 세일즈 플로우

앞서 살펴본 것처럼 브랜드에 대한 예비창업자의 신뢰는 콘텐츠로 시작됩니다.

그러나 콘텐츠만으로는 가맹계약이 성사되지는 않습니다.

정작 중요한 건, 가맹상담이 진행되는 시간 속에서 예비창업자의 의문과 불안을 어떻게 해소해 주는가입니다.

예비창업자는 매장을 오픈하기 전 수천만 원에서 더 많은 비용의 투자와 몇 년의 시간을 가맹본사에 맡기겠다는 결정을 내려야 합니다.

그 결정은 단순한 말이나 감정이 아니라 '단계적으로 구조화된 설득의 흐름' 속에서 만들어져야 합니다.

이 장에서는 예비창업자의 심리 변화를 기준으로 상담 흐름을 설계하고 실제 가맹계약으로 이어지는 세일즈 플로우와 상담 시나리오 구성법을 정리합니다.

■ 세일즈 플로우는 계약이 아닌 '예비창업자와의 신뢰 형성의 여정'

프랜차이즈의 가맹 계약은 절대 충동적으로 이뤄지지 않습니다.

예비창업자는 최소 수천만 원에서 더 많은 비용의 투자금과 가맹 계약기간 동안의 시간을 가맹본사에 맡기는 것입니다.

그렇기에 가맹 상담은 단순한 정보 전달이 아니라 '예비창업자와의 신뢰를 단계적으로 형성하는 과정'으로 설계돼야 합니다.

예비창업자의 심리 흐름에 따른 상담 단계는 다음과 같습니다.

단계	가맹점주의 심리	가맹본사 대응 콘텐츠	핵심 역할
① 인지	"이 브랜드 뭐지?"	SNS광고, 쇼츠 영상	시각적 주목
② 관심	"괜찮아 보이는데?"	브랜드 철학, 대표 인터뷰	공감 유도
③ 비교	"다른 데보다 나은가?"	경쟁 브랜드 비교표, 수익자료	객관 설득
④ 상담	"이건 어떻게 운영하지?"	설명회 자료, 매뉴얼 요약	시스템 전달
⑤ 숙고	"문제 생기면 어쩌지?"	CS 운영안, FAQ 콘텐츠	리스크 완화
⑥ 결정	"정말 계약해도 될까?"	가맹점주 후기, 대표와의 소통	감정적 확신

📌 각 단계는 독립된 형태가 아니라 전체적으로 연결된 흐름이며 예비창업자가 이 흐름을 거치면서 브랜드에 대한 궁금증을 가지고 질문하게 하고 가맹본사는 그에 맞춰 답변하는 구조로 설계해야 합니다.

▪ 실전 상담 시나리오 - 질문을 예측하고 답변을 구조화하라

상담 현장에서 예비창업자가 던지는 질문은 대부분 다음 세 가지 범주로 나뉩니다.
각 범주별 응답 전략을 사전에 정리해 두는 것이 상담 전환율을 높이는 핵심입니다.

① 운영 관련 질문
"조리는 얼마나 어렵나요?"
"교육은 누가 얼마나 해 주나요?"
"직원은 몇 명이 필요한가요? 혼자서도 운영 가능할까요?"
♬ 응답 전략: 메뉴별 조리시간, 조리단계 설명, 영상 매뉴얼 제공 여부 언급
- 교육 커리큘럼: 오프라인 교육일정 + 영상 학습 병행 구조 강조
- 실제 1인 운영 사례나 영상 제시

② 수익 관련 질문

"한 달에 얼마나 벌 수 있나요?"

"원가는 어떻게 구성돼 있나요?"

"적정 매출은 얼마부터 가능한가요?"

♬ 응답 전략:
- '표준 매출 기준 손익 시뮬레이션' 제시(낮은 수치부터 보수적으로)
- 원재료 원가율 + 인건비 + 관리비 평균 수치 명확히 제시
- 가맹본사 기준보다 기존 운영 중인 가맹점 기준의 객관적 데이터 강조
- *다만, 예비창업자가 입점을 원하는 지역의 입점 예정 매장에 대한 예상손익분석표는 이후 가맹점과의 허위·과장 정보제공행위에 대한 법적 분쟁 가능성이 있으므로 절대 제공하지 않고 운영 중인 타 가맹점 기준의 객관적인 자료만 제공

③ 계약 관련 질문

"계약기간은 몇 년인가요?"

"위약금은 어떻게 되나요?"

"가맹본사가 영업 지역을 보호해 주나요?"

♬ 응답 전략:
- 가맹계약서 원문 주요 조항 발췌 요약본 제공
- 위약금 발생조건, 계약갱신 및 계약해지 조건, 영업지역 보호거리 명시

- 공정거래위원회 가맹사업법 기준과 본사 운영 사례 연결 설명

▣ 실무 사례 - 4단계 상담 구조로 계약 전환율 3배 상승

분식 브랜드 A는 다음과 같은 문제로 상담 이탈률이 높았습니다.

- 브랜드 철학은 설명하지만 가맹점 수익 구조 자료는 준비되어 있지 않음.
- 가맹계약서를 요청하는 질문에 "나중에 전달드릴게요."라는 식으로 모호한 답변 반복.
- 상담 후 담당자 후속 응대가 없어 예비창업자와 연락 두절.

📌 이에 따라 A브랜드는 다음과 같이 4단계 상담구조를 도입했습니다.

상담 단계	구성 내용	핵심 변화
1차 상담	브랜드 소개 + 조리 영상	첫인상 개선
2차 상담	수익자료 + 시뮬레이션 + 점포 사례	신뢰 확보
3차 상담	계약서 조항 설명 + 입점지역 논의	불안요인 해소
4차 통화	대표와 Q&A + 점포투어 제안	감정적 연결

↗ 결과: 1차 상담 → 계약 전환율 11% → 3차 상담 이후 전환율 34%로 상승

상담은 말로 설득하는 과정이 아니라 구조화된 정보 흐름으로 예비창업자의 결정을 유도하는 과정임을 확인할 수 있었습니다.

■ 상담 대화 예시 - 실제 상황형 시나리오

1. [상황 A] 초보 창업자 질문

가맹점주: "초보자인데 혼자 운영 가능할까요?"
가맹본사: "현재 운영 중인 가맹점주 10명 중 8명은 외식업 경험이 전혀 없었습니다.
8명의 점주님도 본사에서 제공한 조리 매뉴얼로 교육을 받으셨고 현재 잘 운영 중이십니다.
조리 매뉴얼은 영상으로 제공되며 언제든지 다시 학습 가능합니다.
각 메뉴별 평균 조리 시간은 5분 이내입니다.
오프라인 3일 교육과 반복 영상 학습 시스템으로 누구든지 익숙해질 수 있습니다."

2. [상황 B] 리스크 질문

가맹점주: "최근 폐점 사례는 없나요?"

가맹본사: "최근 1년간 폐점은 1건이 있었는데 해당 지역은 최근 개발되고 있는 신도시 상권이었습니다.

가맹점주가 분양 받은 점포라 큰 부담이 없다고 하셔서 입점을 진행했었는데 상권 활성화가 늦어져 결국 폐점하게 되었습니다.

그 이후에 내부적으로 상권 분석과 입점기준을 강화하면서 이후 오픈 매장들은 평균 월 매출 3,200만 원 이상 유지 중입니다. 해당 사례는 분석 리포트로 제공 가능합니다."

3. [상황 C] 가맹본사 지원 질문

가맹점주: "가맹본사는 어떤 지원을 해 주시나요?"

가맹본사: "오픈 전에는 개점 담당자가 시설공사와 인허가 관련 사항을 지원하고, 슈퍼바이저가 가맹점 오픈일 기준 전후 5일간 집중 지원합니다.

이후에도 매월 1회 정기방문을 통해 매출상황과 매장운영 전반을 점검하고 지원합니다."

■ 상담 후 필수 제공 자료 리스트

자료명	목적
매출 손익예측표(객관적인 자료로 작성)	수익 구조 이해
물류서비스 및 운영시스템 안내	운영 용이성 전달
가맹계약서 요약본	법적 신뢰 확보
가맹점주 인터뷰 영상/문서	공감 유도
설명회 PT 자료(PDF)	전체 브랜드 이해 정리

📌 가맹상담 이후 예비창업자는 가맹계약 여부를 혼자 판단하는 것이 아닌 가족이나 지인, 동업자와 해당 내용을 함께 상의합니다. 따라서 상담 후 제공하는 자료의 품질과 전달력은 가맹계약 전환에 결정적입니다.

■ 체크리스트 - 우리 가맹본사는 상담 흐름을 이어 갈 수 있게 준비되어 있는가?

① 단계별 상담 흐름이 명확하게 문서화되어 있다.
② 예비창업자의 질문에 대한 응답 콘텐츠가 사전에 정리되어 있다.
③ 브랜드 대표와의 직접 소통 기회가 가맹계약 전에 제공된다.
④ 가맹계약서 요약안 또는 영상 설명이 존재한다.

⑤ 폐점, 매출 하락, 인건비 부담 등 주요 리스크에 대한 대응 시나리오가 있다.

📌 3개 이상 '아니오.'인 경우 지금은 예비창업자 모집 마케팅에 집중하기보다 누락된 내용을 점검하는 것이 먼저입니다.

■ 이 장을 마치며

가맹상담은 단순하게 브랜드를 설명하는 것이 아니라 예비창업자 가지는 창업에 대한 막연한 불안을 해소하고 가맹계약을 결정짓게 하는 과정입니다.

'우리 브랜드가 좋은 브랜드'라는 인식을 가지게 하는 것도 중요하지만 예비창업자가 창업에 대해 '안심할 수 있는 구조'를 제시할 수 있어야 가맹계약이 성사됩니다.

가맹 영업은 말의 기술이 아니라 예비창업자의 질문을 예측하고 잘 준비된 답변을 함으로써 예비창업자와의 신뢰를 구축하는 것입니다.

이 모든 것이 바로 가맹본사가 준비한 상담 시나리오에서 드러납니다.

4-3

가맹계약으로 이어지는 사업설명회 설계 전략

"사업설명회는 진행했지만, 전체적인 분위기가 어정쩡했어요."
"참석하신 예비창업자분들이 질문도 거의 없고 가맹계약이 한 건도 이어지지 않았습니다."

프랜차이즈 가맹영업에는 여러 가지 방법이 있지만 오프라인 사업설명회는 해당 브랜드에 관심 있는 예비창업자가 일부러 시간을 내어 참가하는 경우라 가맹계약률이 매우 높은 방법 중에 하나입니다.
하지만 많은 가맹본사가 사업설명회를 열심히 준비하고 진행하지만 막상 가맹계약으로 이어지는 계약성사율이 낮거나 아예 없는 경우가 많습니다.
이는 단순히 사업설명회에 참석한 예비창업자 수가 부족해서가 아니라 사업설명회 자체를 형식적으로만 진행한다든지 사업설명회의 내용 구성과 가맹계약으로 유도할 수 있는 전체적인 설계가 약하기 때문입니다.

  이 장에서는 사업설명회를 처음 기획하는 가맹본사도 바로 적용할 수 있도록 사업설명회의 목적과 흐름, 슬라이드의 구성, 예비창업자 질문 유도법, 사업설명회 분위기 설계까지 현장에서 바로 쓸 수 있는 기준으로 정리합니다.

▪ 사업설명회는 브랜드를 경험하게 하는 무대

  사업설명회는 예비창업자가 가맹본사를 신뢰하고 사업 파트너로 함께할지를 결정하는 매우 중요한 자리입니다.

  따라서 사업설명회는 다음 3가지 흐름을 중심으로 설계되어야 합니다.

① 정보 전달 - 이 브랜드는 무엇을 말하는 브랜드인가?
② 불안 해소 - 실제 가맹점은 어떻게 운영이 이루어지는가?
③ 공감 유도 - 나 같은 초보도 이걸 할 수 있을까?

사업설명회 구성의 6단계 흐름

순서	주제	시간	구성 포인트
①	오프닝	5분	대표 철학, 브랜드를 시작한 배경 스토리
②	운영 시스템	10분	실제 조리 매뉴얼 일부 공개, 교육 장면 이미지 활용
③	수익 구조	10분	수익 시뮬레이션 자료, 원가율 표, 점포 운영 예산 예시
④	가맹점주 사례	5분	실제 가맹점주 인터뷰 영상 또는 후기 인용
⑤	계약 안내	10분	가맹계약 절차, 예치금 운영 방식, 인허가 등 오픈 일정표 제공
⑥	Q&A	10~15분	질문 유도 리스트 활용, 대표 개별 상담 안내 포함

📌 전체 시간: 50분~60분/온라인 사업설명회는 30분 내외로 압축진행 + 시각자료 중심 진행 권장

사업설명회 PT자료 구성 예시(총 20장 기준)

사업설명회 슬라이드는 '텍스트 중심'이 아닌 '이미지 중심(실사진자료)'으로 구성돼야 합니다.

운영 매뉴얼 일부 공개는 예비창업자의 신뢰를 높이는 강력한 요소

입니다.

슬라이드 번호	내용
1	인사말 및 사업설명회 일정, 전체 구성 안내
2~4	브랜드 시작 배경, 창업 계기, 대표의 철학
5~7	메뉴 및 조리 시스템 소개 (이미지, 시간, 도식 포함)
8~10	교육 과정, 매장 오픈 프로세스, 교육 매뉴얼 일부 공개
11~13	수익 구조 설명, 표준 손익 시뮬레이션, 원가 · 운영비 예시
14~15	가맹점주 후기 영상, 가맹점 운영 경험 공유
16~17	가맹계약 절차, 예치금 제도, 오픈 일정표
18	출점 지역 정책 및 영업지역 보호기준
19	자주 묻는 질문(FAQ) 정리
20	Q&A + 개별 상담 신청 안내

■ 사업설명회 분위기를 바꾸는 질문 유도 스크립트

예비창업자가 질문하지 않는다고 해서 브랜드에 대한 관심이 없는 것이 아닙니다.
단지 무엇을 어떻게 질문해야 할지 모를 뿐입니다.
아래 문장을 활용하면 부드럽게 질문 분위기를 유도할 수 있습니다.

📌 **자연스럽게 질문을 유도하는 5가지 문장**

① "상담 오신 분들 중 80%가 이 질문을 하셨습니다."
② "이 부분에서 실제 가맹점주님들이 가장 걱정하셨던 게…"
③ "혹시 지금까지 설명 중 이해가 안 되신 부분 있으실까요?"
④ "이건 실제 가맹점주 분들이 가장 자주 하시는 질문입니다."
⑤ "지금 당장 생각나는 질문은 없으셔도 나중에 개별 상담할 때 질문하셔도 됩니다."

📌 이런 문장을 미리 준비해 두면 사업설명회 분위기가 '수동적 청취'에서 '능동적 질문'으로 바뀌기 시작합니다.

■ **사업설명회 후 바로 제공해야 할 자료**

자료명	용도	전달 포인트
설명회 요약 PDF	가맹계약 숙고 기간 중 재확인 자료	이메일 또는 QR코드 제공
수익 시뮬레이션표	숫자 기반 객관적 판단 자료	상담 후 요청 시 별도 제공
가맹계약 절차표	상담 신청~오픈까지 흐름 안내	슬라이드 내 시각화 자료 포함

가맹점주 FAQ	주요 질문에 대한 답변 정리	A4 출력 자료로 배포
개별 상담 신청서	현장 신청 유도 및 대표 상담 예약	대표가 직접 일정 조율 가능하도록 안내

■ 체크리스트 - 지금 우리 사업설명회는 잘 준비되어 있는가?

① 브랜드 스토리와 대표의 철학이 사업설명회 흐름에 포함되어 있다.
② 운영 시스템, 수익 구조, 가맹계약 절차가 명확하게 설명된다.
③ 가맹점주 사례(영상/후기)가 포함되어 있다.
④ 설명회 이후 제공할 자료 세트가 준비되어 있다.
⑤ 창업 Q&A가 단순 응답이 아닌 예비창업자가 공감할 수 있는 내용으로 구성되어 있다.

📌 사업설명회는 위 항목 중 최소 4개 이상이 충족되어야 효과적인 설명회로 기능할 수 있습니다. 만약 2개 이상이 '아니오.'라면, 당장은 예비창업자 모집에 집중하기보다 누락된 요소를 보완한 뒤 진행하는 것이 바람직합니다.

▣ 이 장을 마치며

거듭 말씀드리지만 사업설명회는 단순히 브랜드를 소개하는 발표 자리가 아닙니다.

예비창업자가 브랜드를 사전에 경험하고 가맹본사를 신뢰할 수 있도록 정교하게 설계된 중요한 과정입니다.

사업설명회가 끝난 뒤, 예비창업자의 마음에 "이 정도면 나도 할 수 있겠다."는 감정이 남아 있다면 그 사업설명회는 이미 절반의 가맹계약을 성공시킨 셈입니다.

4-4

가맹계약으로 연결되는
온라인 채널 운영 전략

"브랜드 블로그를 운영해 보긴 했는데 가맹문의가 거의 없어요."
"유튜브도 시작했지만 구독자도 없고 예비창업자의 반응이 거의 없어요."

많은 프랜차이즈 가맹본사가 예비창업자 모집을 위해서 온라인 브랜드 채널을 운영하고 있지만 단지 형식적으로만 운영 하고 있을 뿐 가맹계약으로 연결되는 구조는 갖추지 못한 경우가 대부분입니다.

특히 가맹본사의 예산이 충분하지 않은 경우에는 예비창업자 모집을 위한 광고비를 대거 투입하는 방식이 어렵기 때문에 오히려 기본 브랜드 채널을 정교하게 구성하고 작은 단위의 콘텐츠를 일관성 있게 운영하는 전략이 현실적입니다.

이 장에서는 블로그, 유튜브, 인스타그램 등 온라인 브랜드 채널을 프랜차이즈 가맹 영업에 어떻게 활용할 것인지, 그리고 실제 가맹계약까지 이어지게 만드는 콘텐츠 전략, 운영 흐름, 타겟팅 기준 등을 정리합니다.

▣ 핵심 개념 - 온라인 채널은 '24시간 예비창업자를 모집하는 사업설명회'

온라인 채널은 상담 시간을 정하지 않아도 가맹본사의 인력이 없어도 브랜드를 알리고 신뢰를 쌓고 상담 문의로 전환시키는 자동 세일즈 도구입니다.

📌 **단, 다음 3가지 원칙이 필요합니다**

① 시스템화되어야 한다: 누구나 쉽게 접속하고, 필요한 정보를 찾을 수 있어야 함.
② 반복 가능해야 한다: 콘텐츠가 주기적으로 생산되고, 같은 흐름으로 유지되어야 함.
③ 전환을 설계해야 한다: 단순 정보 전달이 아니라 행동(문의/신청)을 유도해야 함.

▣ 온라인 채널별 전략 요약표

채널	목적	주 타깃	운영 포인트
블로그	검색 유입, 전문성 전달	정보 탐색 중인 예비창업자	키워드 SEO 중심, 긴 글 구성
유튜브	브랜드 인지도, 신뢰 전달	시각 중심 정보 소비자	짧은 영상(쇼츠) + 핵심 메시지
인스타그램	감성 노출, 트렌드 공략	MZ세대, 여성 창업자	메뉴/인테리어 위주 이미지 업로드, 스토리 활용
카페/커뮤니티	실시간 Q&A, 후기 전달	계약 직전 고민 중인 고객	운영 후기, 대표 Q&A 게시판 운영

▣ 실전 사례 - 블로그 중심으로 월 8건 상담 유도

죽 프랜차이즈 A는 월 평균 블로그 콘텐츠를 10건 이상 작성하며 다음과 같은 구조로 '온라인 세일즈 흐름'을 설계했습니다.

1단계: '죽 창업', '죽 프랜차이즈' 키워드 중심 콘텐츠 제작
2단계: 정보공개서 수치 기반 분석 콘텐츠로 전문성 강조
3단계: 가맹점주 인터뷰, 출점 지역 성공 사례 포스팅
4단계: 각 글 말미에 '개별 상담 신청 링크' 또는 사업설명회 일정 안내
5단계: 주간 단위로 네이버 상위 노출 키워드 확인 및 리라이팅

↗ 결과: 월평균 1~2건 계약, 문의 건수는 평균 8건 유지 → 광고비 없이 자체 유입으로 계약 창출

■ 채널별 콘텐츠 예시

1. 블로그

포맷	설명
"죽 프랜차이즈 비교분석 - 2025년 최신판"	경쟁 브랜드 수치 비교 + 본사 코멘트
"가맹비 없는 브랜드, 진짜 이득일까?"	창업비용 항목 설명, FAQ 형태
"3개월 운영한 가맹점주의 리얼 후기"	실제 점주의 수익/고민/지지 포인트 중심

📌 구성 팁: 정보공개서 수치 인용, 표·그래프 필수, 하단 CTA 삽입

2. 유튜브

유형	콘텐츠 예시
1분 쇼츠	"죽 창업 전, 이건 꼭 확인하세요."
설명 영상	"가맹계약서 5분 요약 - 꼭 알아야 할 3가지 조항"
인터뷰	"초보 점주가 말하는 창업 후 100일 변화"

📌 구성 팁: 쇼츠 + 설명 영상 병행/자막 필수, 시작 3초 안에 핵심

메시지/설명란에 블로그·상담 링크 삽입

3. 인스타그램

콘텐츠	설명
메뉴 조리 영상	15초 짧은 영상 + 감성 자막
인테리어 Before/After	매장 분위기 강조, 비교 이미지 구성
후기 카드뉴스	가맹점주 실제 멘트 + 디자인 조합

📌 스토리 기능으로 설명회 일정 공유
📌 해시태그: #죽맛집 #창업리뷰 #프랜차이즈후기

전환을 유도하는 CTA(Call to Action) 전략

온라인 채널은 단순노출이 아닌 행동 유도(CTA)가 있어야 전환됩니다.

위치	문구 예시
블로그 글 하단	"사업설명회 일정 보러가기 ⇨ [링크]"
유튜브 영상 설명란	"개별 상담 신청하기: [폼 링크]"
인스타 피드	"DM으로 '설명회'라고 보내 주세요."
카페 고정글	"가맹비, 수익 구조 궁금하신 분 → 댓글 남겨 주세요."

📌 모든 콘텐츠에 CTA가 빠지면 '단순 홍보'로 끝나고, CTA가 삽입되면 '가맹상담 유입'이 시작됩니다.

▣ 실무 정리 - 온라인 채널 세팅 체크리스트

① 블로그 운영 플랫폼(Naver 또는 티스토리 등)이 개설되어 있다.
② 검색 키워드를 기반으로 한 콘텐츠가 주간 단위로 업로드된다.
③ 유튜브 채널이 개설되어 있고 쇼츠 or 인터뷰 영상이 있다.
④ 각 채널별 CTA 문구 및 상담 링크가 명확하게 삽입되어 있다.
⑤ 콘텐츠 → 가맹문의 → 사업설명회 → 가맹계약까지 흐름이 연결되어 있다.

▣ 이 장을 마치며

프랜차이즈에서 가맹본사의 온라인 브랜드 채널은 단순히 보여 주기식 홍보 수단으로 운영해서는 안 되고 구독자나 좋아요가 많지 않아도 괜찮습니다.

중요한 건 콘텐츠가 잘 정리되어 있고 운영이 일관되게 지속적으로 유지되는 것입니다.

이러한 채널은 예비 창업자가 브랜드를 이해하고 신뢰를 형성하는 데 결정적인 역할을 합니다.

특히 광고 마케팅 예산이 부족한 초기 프랜차이즈 가맹본사일수록 조회수나 구독자 수에 집착하기보다는 꾸준히 관리할 수 있는 브랜드 채널 시스템을 정교하게 설계하는 것이 훨씬 중요합니다.

예비 창업자의 입장에서,

"이 브랜드 영상을 보니까 궁금증이 생겼다."
"블로그를 읽어 보니 많은 부분이 이해됐다."
"DM으로 질문했는데 바로 답변이 왔다."

이런 반응이 나와야 그 채널은 단순한 노출을 넘어 가맹계약으로 이어지는 시스템을 갖춘 것입니다.

4-5

가장 강력한 가맹영업,
'점주의 자발적 소개'는 어떻게 만들어지는가?

"기존 가맹점주들 중에 누군가를 소개한 적은 아직 없습니다."
많은 초기 가맹본사에서 자주 듣는 이야기입니다.

프랜차이즈 가맹사업은 가맹계약서 작성으로 시작되지만 브랜드의 진짜 성장은 운영 중인 가맹점주들의 또 다른 예비창업자 소개와 입소문에서 비롯됩니다.

물론 사업설명회나 브랜드 광고를 통해 예비 창업자들이 유입될 수 있습니다.

하지만 장기적으로 안정적인 성장을 이끄는 가맹본사들은 대부분 기존 가맹점주들의 자발적인 소개를 통해 신규 계약이 이루어지고 있습니다.

가맹점주의 소개는 단순한 가맹계약으로의 연결이 아닙니다.
그 안에는 가맹본사에 대한 신뢰와 실제 가맹점 운영에 대한 만족이 자연스럽게 담겨 있습니다.

그래서 기존 가맹점주의 소개는 브랜드 신뢰도를 가장 강력하게 증명해 주는 지표입니다.

이 장에서는 가맹점주의 소개가 자연스럽게 발생하도록 만드는 브랜드 구조, 그리고 그 소개가 실제 가맹계약으로 이어지기까지의 가맹점 소통 방식과 실무 흐름을 정리합니다.

■ 가맹점주의 소개는 보상이 아니라 감정에서 나온다

많은 가맹본사들이 "지인이나 예비창업자를 소개해 주셔서 그분이 가맹계약하시면 점주님께 100만 원을 드립니다."라는 소개비 제도를 운영합니다.

하지만 실제로 가맹점주는 단순한 금전적 이유만으로는 브랜드를 추천하지 않습니다.

가맹점주의 소개는 보상보다 먼저 다음의 조건이 충족되어야 발생합니다.

① 내가 운영하고 있는 브랜드에 대한 자부심.
② 가맹점 운영에 대한 만족감.
③ 가맹본사와 대표 및 담당자에 대한 신뢰감.

📌 즉, "내가 다른 사람에게 이 브랜드를 소개해도 욕먹지 않겠다." 는 감정적 확신이 있어야 가능합니다.

◘ 가맹점주의 예비창업자 소개를 부르는 브랜드

요소	설명
운영 편의성	판매 메뉴가 단순하고 직원이 적게 필요함 → 소개 장벽 낮아짐
가맹본사 응대력	매장 운영에 문제가 생겼을 때 가맹본사가 적극적으로 대응해 준다 → 신뢰가 생김
수익 만족도	'나도 잘되고 있다.' 운영 자체가 잘되고 있음 → 자랑하고 싶어짐
커뮤니케이션 구조	가맹점주들끼리 교류하거나, 본사 대표와 소통할 수 있는 구조가 있음
감정 연결	가맹본사가 단순 공급처가 아닌 '동업자'처럼 느껴짐

📌 가맹점주의 예비창업자 소개는 논리보다는 감정이 움직일 때 발생합니다.

◘ 실전 사례 - 가맹점주 소개로 연간 10호점 확장

분식 프랜차이즈 A는 월 광고, 마케팅 비용이 거의 없지만 신규 가맹점의 70% 이상이 기존 가맹점주의 소개로 유입되었고 그 비결은 다음과 같았습니다.

① 메뉴가 단순해 직원 의존도가 낮고 1인 운영 가능.
② 가맹본사 슈퍼바이저가 직접 매장에 와서 가맹점 매출 분석과 개선 지원.
③ 본사 대표가 월 1회 가맹점주 온라인 모임에서 소통.
④ 가맹점주가 추가 출점할 경우 상권 우선권 부여 + 상권 보호 보장.
⑤ 소개한 가맹점주에게는 300만 원의 '감사비'만 지급(예비창업자 소개 강요 없음).

📌 결과적으로 가맹점주에게 소개를 요구하지 않아도 자연스럽게 발생했고, 실제로 소개받고 계약한 가맹점주가 "소개해 준 위례점 사장님이 진심 어린 이야기로 추천해 주셨다."고 답했습니다.

■ **가맹점주의 예비창업자 소개를 유도하는 3단계 구조**

1단계 - 가맹점주의 자부심을 만들어라

- 가맹본사 담당SV가 매장 방문 시 "항상 청결하시네요.", "고객 응대를 정말 잘하시네요." 등 긍정적 피드백을 감정 중심으로 전달.

- 가맹점주를 가맹본사 SNS 콘텐츠에 자주 등장시킴. → 브랜드 내 주인공으로 포지셔닝.
- 성공 사례 인터뷰 콘텐츠화. → 가맹점주의 매장 운영에 대한 노력과 성과를 인정.

2단계 - 예비창업자 소개를 편하게 만들 수 있는 구조를 제공하라

- "지인이나 고객분들 중 창업을 고려하시는 분이 계신다면 이런 자료를 보내 주셔도 됩니다." → 가맹점주용 안내 자료 별도 제작.
- 소개받은 예비창업자에 대한 가맹상담은 가맹본사가 직접 진행 → 가맹점주는 부담 없이 추천만 진행.
- 온라인 상담 신청 폼에 소개받은 가맹점명 항목 삽입.

3단계 - 예비창업자 소개 후 가맹점에 확실한 보상과 인정

- 가맹계약 성사 시 소개한 가맹점주에게 감사비 + 가맹본사 대표의 개인 감사 문자
- 가맹점주 소통방 또는 점주 모임 등에서 공개적으로 감사 표현.
- 일정 횟수 이상 소개 시 로열티 면제, 물류비 지원, 마케팅 지원 등 리워드 제공.

◆ 가맹점주의 예비창업자 소개는 '가맹계약률'이 압도적으로 높다.

유입 경로	계약 전환율 평균
광고 클릭	3~5%
설명회 참여	10~15%
가맹점주 소개	40~60%

📌 가맹점주의 예비창업자 소개는 예비창업자가 브랜드에 대한 심리적 신뢰가 확보된 상태에서 가맹상담이 시작되기 때문입니다.

가맹본사에서 바로 쓸 수 있는 가맹점주의 예비창업자 소개 유도를 위한 문장 예시

- "가맹점주님께서 소개해 주신 분과 오늘 상담 진행했습니다. 감사드립니다."
- "혹시 주변에 창업을 고민하시는 분이 있으면 안내자료 보내 드리겠습니다."
- "가맹점주님 인터뷰 콘텐츠 정말 반응 좋습니다. 소개해 주셔서 감사합니다."
- "소개해 주신 분 다음 주 계약 예정입니다. 소정의 감사비 전달드

리겠습니다."

📌 핵심은 부담 없이 감정적으로 연결된 언어를 사용하는 것입니다.

■ 체크리스트 - 당신의 브랜드는 가맹점주의 예비창업자 소개가 일어나고 있는가?

① 가맹점주 중 '누군가를 가맹본사에 소개해 본 경험'이 있는 사람이 있다.
② 가맹점주가 브랜드를 자랑하고 싶을 정도의 자부심이 있다.
③ 소개를 받은 고객이 실제로 가맹상담 또는 가맹계약까지 이어진 경험이 있다.
④ 소개해 준 가맹점주에게 감정적, 금전적 보상이 이루어진다.
⑤ 가맹점주의 예비창업자 소개 사례를 콘텐츠로 활용하고 있다.

📌 위 체크리스트에서 '예.'가 3개 이상이면 당신의 브랜드는 이미 가맹점의 예비창업자 소개 기반으로 가맹사업을 성장할 준비가 되어 있는 것입니다.

◼ 이 장을 마치며

　프랜차이즈 가맹사업에서 브랜드의 진짜 성장 동력은 바로 그 브랜드를 직접 운영하고 있는 가맹점주의 자부심에서 나옵니다.
　그리고 그 자부심은 결국 브랜드와 가맹본사에 대한 깊은 신뢰에서 비롯됩니다.
　예비창업자에게 어떤 광고보다 강력한 설득은 지금 매장을 운영하고 있는 가맹점주의 한마디입니다.
　가맹점주의 소개는 부탁하거나 강요해서 만들어지는 것이 아닙니다.
　자연스럽게 예비 창업자 소개가 이어지고 스스로 "이 브랜드 괜찮다."고 말하게 만드는 것
　그것이야말로 진짜 실력을 갖춘 가맹본사의 모습입니다.

5장

가맹점주와의
관계 유지 전략

5-1

숫자로 말하는 본사, 감이 아닌 데이터로 점포를 진단하라

"이번 달 매출이 떨어졌는데, 왜 그런지 모르겠어요."
"직원들은 열심히 하는 것 같은데 손님은 줄었고… 뭐가 문제일까요?"

프랜차이즈 가맹본사에 접수되는 대표적인 가맹점 상담의 유형입니다.
하지만 정작 가맹본사도 정확한 이유를 설명하지 못할 때가 많습니다.

"상권이 약해진 것 같습니다."
"요즘 배달 매출이 다들 떨어지고 있어요."

이런 막연한 설명은 가맹점주에게 전혀 납득되지 않습니다.
이 장에서는 프랜차이즈 가맹본사가 반드시 수집해야 할 가맹점 운영 데이터, 가맹점의 기초 정보까지 포함한 통합적 분석 방법, 그리고 그 데이터를 활용해 점포를 개선하고 가맹점주의 만족도와 수익률을 높이는 핵심지표(KPI)를 현장 중심으로 설명합니다.

■ 감이 아닌 숫자로 말하는 가맹본사만이 신뢰받는다

많은 가맹본사가 가맹점주의 불만이나 매출 부진에 대한 내용을 들으면 "요즘 경기가 안 좋아서 다른 매장들도 매출이 다 안 좋아요.", "전체적으로 배달이 줄었어요."라고 답합니다.
하지만 가맹점주는 이런 답변에는 납득하지 못합니다. 왜일까요?

"그건 다른 브랜드도 다 똑같은 조건 아닌가요?"
"그럼 왜 옆 가게는 잘될까요?"

이렇게 말하는 가맹점주를 납득시키기 위해서 가맹본사가 꼭 필요로 하는 것이 바로 데이터입니다.
객관적인 수치로 설명하고 원인을 구분해 주며 구체적인 해결 방향을 제시할 수 있는 가맹본사를 가맹점주는 신뢰합니다.

■ 프랜차이즈 가맹본사가 수집해야 할 주요 데이터 항목

구분	항목	설명
①	매출 데이터	일/주/월 단위 매출 - 상품별, 시간대별 분석 가능성 확보
②	객단가	주문 평균 금액 - 프로모션 효과 분석에 활용
③	방문자 수	POS 기준 - 성별, 연령대 등 주 고객층 판단 기준
④	배달/홀/포장 비율	운영 구조 분석 - 메뉴·오퍼레이션 전략 수립 기초
⑤	원재료 사용량	주요 품목 단가, 로스율 - 원가율 및 발주 최적화
⑥	CS 데이터	민원 유형, 발생 빈도 - 서비스 교육 보완 지표
⑦	직원 근태	인원 수, 근무시간 - 인건비 구조와 연결
⑧	이벤트 반응	매출 상승률, 고객 참여 - 마케팅 효과 분석
⑨	기초 운영 정보	임대료, 보증금, 권리금, 인건비, 운영 시간 등 - 손익분석 및 매출 목표 기준 마련

📌 특히 가맹점의 기초 운영 정보는 각 매장의 손익계산서를 현실적으로 구축하는 데 핵심이 됩니다.

동일한 매출 수준이라도 인건비가 높은 매장은 수익이 낮고 임대료가 낮은 매장은 수익이 높기 때문입니다.

📌 가맹점의 기초정보 확보는 점포 임대차 계약서를 작성한 이후 가맹계약서 작성 시점부터 정리하는 것이 중요합니다.

(예: 보증금, 임대료, 평수, 주차 여부 등)

◼ KPI(Key Performance Indicator)란?

KPI는 핵심성과지표로 매장 운영이나 가맹본사 전략이 효과적으로 사용하고 있는지를 확인하기 위한 기준 수치입니다.

프랜차이즈 가맹본사는 KPI를 통해 다음을 파악할 수 있습니다.

① 어떤 가맹점이 문제인가?
② 어떤 요인이 매출에 영향을 주는가?
③ 어떤 지원을 우선 제공해야 하는가?
④ 어떤 가맹점주가 우수 운영자인가?
⑤ 어떤 메뉴/시간/마케팅이 실적을 올리는가?

즉, KPI는 문제의 원인을 진단하고 개선 방향을 설계하는 가맹본사의 지도입니다.

◼ KPI 설정 예시(소형 외식 브랜드 기준)

항목	KPI 기준	진단 목적
월평균 매출	3,000만 원 이상	전체 매장 비교/부진 매장 선별
객단가	9,000원 이상	고/저단가 구간 판단

원가율	35% 이하	수익성 판단/가격 조정 근거
재료 로스율	3% 이하	낭비 관리/조리 매뉴얼 점검
인건비율	매출의 20% 이하	효율적 인력 배치 여부
고정비 비율	월 매출 대비 30% 이하	임대료·관리비 등 고정비 부담 판단
CS 발생 건수	월 3건 이하	서비스 품질 진단
SV 방문 대응률	90% 이상	가맹점주 협조도, 관리 강도 기준
리뷰 평점	4.5점 이상	고객 만족도 및 브랜딩 상태

■ 실전 사례 - KPI 기반 점포 개선 성공 사례

죽 프랜차이즈 B는 80개 가맹점 중 일부에서 매출 부진이 반복되었습니다.

과거엔 단순히 상권 문제로 치부했지만 KPI 기반 분석을 도입했습니다.

- 부진 매장 10곳의 KPI 및 기초 정보 추출
- 공통점: 평균 객단가 6,700원/점심 매출 집중형/리뷰 평점 3.9/인건비 비율 28%/임대료 월 500만 원 이상
- 원인 진단: 특정 메뉴 의존도 과다 + 고객 응대 불만 + 고정비 구조 부담

대응 전략:

- 신메뉴 2종 도입(단가 상승 유도)
- 응대 매뉴얼 강화/단기 캠페인 운영
- 슈퍼바이저가 CS 발생 건 직접 대응
- 인건비 구조 최적화 제안 및 운영시간 조정 컨설팅

결과:

- 객단가 6,700 → 8,100원
- CS 건수 월 5건 → 1건
- 매출 2,400만 원 → 2,950만 원(3개월 기준)
- 인건비 비율 28% → 21%, 수익률 상승

📌 수치 기반 경영과 기초 정보 분석이 실질 성과를 만든 사례입니다.

KPI 프랜차이즈 운영 시스템 설계 팁

- 엑셀 템플릿 기반 KPI 시트를 가맹점주에 배포(기초 정보 항목 포함)
- 월별 실적 입력은 구글 폼 또는 담당 SV가 취합
- KPI 분석 리포트를 월 1회 가맹점주에게 피드백
- 우수사례 매장은 가맹본사 매뉴얼·교육 콘텐츠로 연계하여 제작

- 우수 매장은 콘텐츠화하여 가맹점주 커뮤니티에서 공유

📌 KPI 수치는 가맹점주를 압박하는 도구가 아니라 가맹점주의 문제를 가맹본사가 함께 해결해 주는 '지원 시스템'으로 인식시켜야 합니다.

▣ 체크리스트 - 우리 가맹본사는 KPI 시스템을 사용하고 있는가?

① 가맹점 운영의 각종 데이터를 수치로 취합하고 있다.
② KPI 기준표가 존재하고 각 항목에 대한 정의가 명확하다.
③ 가맹점주가 본인의 데이터를 인지하고 있다.
④ KPI에 따른 가맹점 맞춤형 지원이 가능하다.
⑤ KPI는 가맹점주 압박 수단이 아니라 가맹본사 지원 시스템으로 사용하고 있다.
⑥ 임대료, 인건비, 영업시간 등 기초 정보도 함께 분석에 포함되어 있다.

📌 3개 이상 '아니오.'일 경우 우리 가맹본사는 아직 '감'으로만 의존해 운영되고 있을 수 있습니다.

■ 이 장을 마치며

가맹점주가 가장 신뢰하는 가맹본사는 가맹점에서 문제가 발생했을 때 "왜 이런 일이 생겼는지."를 구체적인 수치로 설명하고, 가맹점주가 납득할 수 있도록 해결해 주는 가맹본사입니다.

'이번 달은 왜 안 될까?'
'그 직원은 왜 힘들어할까?'
'저 매장은 왜 고객 불만이 많을까?'
'저 가맹점주는 왜 고정비 부담이 큰가?'

이 모든 질문에 숫자로 답할 수 있을 때 프랜차이즈 가맹본사는 하나의 프랜차이즈 시스템으로 움직이는 구조가 됩니다.

5-2

리뷰 한 줄이 브랜드를 흔든다
- 가맹본사 CS 시스템과 위기관리 전략

프랜차이즈 가맹본사에는 하루에도 수차례 다양한 고객 클레임이 접수됩니다.

배달 앱 리뷰에 별점 1점 도배, 직원과 손님 간의 갈등, 매장 CS 발생 시 가맹본사가 아무런 조치를 하지 않았다는 가맹점주의 항의까지 이 모든 상황은 단순한 문제가 아닌 브랜드 전체의 위기로 번질 수 있는 시작점입니다.

특히 최근에는 온라인 리뷰, 커뮤니티, SNS 등 외부 채널에서의 확산 속도가 매우 빨라졌습니다.

점포에서 벌어진 일은 가맹점주의 감정뿐 아니라 브랜드 이미지 전체에 직격탄이 될 수 있습니다.

이 장에서는 프랜차이즈 가맹본사가 반드시 갖추어야 할 CS 시스템의 구조와 역할 그리고 민원이 발생했을 때 신속하고 일관성 있게 대응할 수 있는 위기관리 프로토콜을 실무 중심으로 정리합니다.

▣ CS는 '고객응대'가 아니라 '브랜드 방어 시스템'이다

많은 가맹본사에서 클레임이 들어오면 "네, 고객님, 죄송합니다. 개선하겠습니다."라는 말로 상황을 마무리합니다.

하지만 반복되는 CS는 단순한 실수가 아니라 내부 시스템 결함의 결과입니다.

즉, CS는 발생한 사건이 아니라 문제의 신호입니다.

그리고 이 문제의 신호를 읽어내는 가맹본사의 시스템이 매우 중요합니다.

▣ 가맹본사 CS 시스템의 3단계 구조

1. 1단계 - 접수 체계 구축(기록과 흐름이 남아야 한다)

방식	세부 구성
공식 접수 채널	카카오톡 채널/네이버 톡톡/고객센터 전화/홈페이지 문의
점포별 코드	점포명 + 지점코드로 사건 추적 가능
이슈 유형 분류	제품 불만/서비스 불만/가격/환불/위생/직원 관련 등
자동화 기록	구글폼 + 시트 연동 또는 CRM 툴 사용

📌 '기억'이 아니라 '기록'이 되어야 CS의 반복 발생 여부, 담당자 실수 여부, 개선 시도 이력까지 확인이 가능합니다.

2. 2단계 - 대응 매뉴얼(정책 기준 + 감정 공감)

상황	대응 기준	실제 문장 예시
제품 이물질	회수 + 환불 + 위생 점검	"불편 드려 정말 죄송합니다. 해당 제품은 회수 조치하고, 위생 검토 진행 중입니다."
불친절 응대	직원 면담 + 교육 + 가맹본사 직접 사과	"고객님 응대에 부족함이 있었습니다. 해당 직원 교육과 조치를 바로 취했습니다."
SNS 리뷰 악성 댓글	신속 대응 + 브랜드 보호	"고객님의 불편 사항은 확인했고, 재발 방지를 약속드립니다."(공개 대응)

📌 '정책 기준'과 '감정적 표현'이 동시에 있어야 가맹점주와 고객 모두 신뢰합니다. 단순히 사과만 반복하면 전체적인 피로도만 증가합니다.

3. 3단계 - 원인 분석 및 개선 프로세스

① CS 유형 분석: 어떤 이슈가 가장 많은가?
② 지역/매장별 발생 빈도: 특정 매장에 집중되나?
③ 시간대/요일별 분석: 근무 인력과 연계된 문제인가?
④ 재발 여부 확인: 다시 반복되었는가? 어떤 방식으로 해결했는가?

📌 가맹본사는 CS를 숫자로 분석하고 패턴으로 대응하는 관리 시스템을 구축해야 합니다.

▣ 실전 사례 - 위기관리 실패로 폐점까지 간 사례

프랜차이즈 C의 A지점에서 고객이 주문한 제품에서 이물질이 나왔습니다.

가맹점주는 상황을 숨기거나 축소해 대응했고 고객은 불만을 SNS에 제보했습니다.

하지만 가맹본사는 초기에 "가맹점주의 이미 조치했다."는 말만 믿고 고객에게 별다른 대응을 하지 않았습니다.

문제는 여기서부터였습니다.

고객은 "사과 한마디 없이 무시당했다."는 글을 온라인 커뮤니티에 올렸고, 해당 글은 단기간에 수천 건 이상 공유되며 확산됐습니다.

결국 언론 보도까지 이어졌고 2개월 만에 해당 점포는 매출이 반 토막이 났으며 폐점에 이르렀습니다.

가맹본사는 뒤늦게 사과문을 게시했지만 이미 브랜드 신뢰는 큰 타격을 입었습니다.

당시 신규 가맹 문의는 3개월간 전무했고 기존 가맹점주들의 매출 하락에 대한 항의도 빗발쳤습니다.

📌 여기서 문제는 사건의 발생 자체보다 초기에 가맹본사가 상황을 정확하게 파악하지 않았고, 책임을 회피하고 무대응으로 일관한 점이었습니다.

→ CS는 '누구 잘못인가?'를 따지는 게 아니라 '어떻게 빠르게 책임지고 해결하는가?'가 핵심입니다.

■ 반대로 CS 대응으로 신뢰를 얻은 사례

프랜차이즈 죽 브랜드 B의 A지점에서 배달 제품에 누락된 메뉴가 있었습니다.

고객은 본사 홈페이지에 해당 내용에 대한 불만을 남겼고 가맹본사는 접수 30분 만에 직접 고객에게 연락하고 해당 가맹점과도 즉시 소통했습니다.

- "고객님, 가맹점 확인 결과 누락한 부분이 확인되어 바로 보완 조치를 드렸습니다."
- "추가로 재방문 시 드실 수 있는 쿠폰을 전달드리겠습니다."
- "소중한 피드백 감사드리며, 해당 점포는 본사에서 다시 점검하겠습니다."

해당 고객은 리뷰를 정정했고 SNS에 "응대가 빠르고 처리결과에 만족한다."라고 남겼습니다.

📌 대응 속도와 책임감 있는 표현 그리고 감정적인 공감이 브랜드의 위기를 신뢰로 전환한 사례입니다.

■ **가맹본사 차원의 위기관리 프로토콜 예시**

단계	내용
① 접수	접수 즉시 가맹본사 담당자 확인(1시간 이내 대응 기준 설정)
② 대응	정해진 응대 문구 + 고객 상황 맞춤 메시지 전송
③ 점포 공유	동일 유형 가맹점주들에게 알림 또는 교육 콘텐츠 배포
④ 보고	내부 공유용 CS 리포트 주간 단위 정리
⑤ 개선	매뉴얼 보완, 영상 콘텐츠, 서비스 스크립트 재정비

📌 여기서 중요한 점은 'CS가 접수되면 자동으로 이 흐름과 기준을 따라야 한다.'는 점입니다.
담당자 성향에 따라 각자 다르게 대응하게 되면 브랜드는 고객에게 신뢰받지 못합니다.

▣ CS 시스템에 포함해야 할 기본 서식

- CS 접수 및 처리 이력서식(점포, 고객, 응대자, 처리내용, 결과 기록)
- CS 대응 매뉴얼(유형별 10가지 이상 응대 스크립트)
- 점포별 월간 CS 발생 요약표
- 가맹본사 대응 리포트(SV 및 운영팀 공유용)

📌 위 자료는 법적 분쟁 시 증빙 자료로도 활용 가능합니다.

▣ 체크리스트 - 지금 우리 가맹본사의 CS 시스템은 준비되어 있는가?

① 고객 민원이 공식적으로 접수되는 채널이 존재한다.
② CS 유형별 대응 매뉴얼이 구비되어 있다.
③ 고객 응대 이력이 기록되고 분석되고 있다.
④ SNS 확산에 대비한 브랜드 방어 응대 체계가 있다.
⑤ 반복되는 CS에 대해 시스템 개선이 이루어지고 있다.
⑥ 가맹점주 역시 CS 상황에서 가맹본사의 지원을 체감하고 있다.

가맹본사의 CS 시스템은 일부만 갖춰져도 운영이 가능하다고 착각하기 쉽지만, 실제로는 거의 모든 항목이 충족되어야 안정적입니다. 특히 접수 채널, 대응 매뉴얼, 이력 관리의 세 가지는 기본 요건이므로 반드시 마련되어 있어야 합니다.

■ 이 장을 마치며

프랜차이즈 가맹사업에서 CS는 단순한 고객 민원의 해결이 아니라 가맹본사의 브랜드와 가맹점주를 보호하는 방어 시스템이며 결국 브랜드가 성장하기 위한 필수요소입니다.

특히 오늘날의 프랜차이즈 환경에서는 온라인 리뷰 한 줄이 가맹계약의 전환율과 재계약률, 가맹점의 매출 흐름에 직접적인 영향을 미칩니다.

CS는 발생한 사건이 아니라 고객이 우리에게 주는 메시지입니다.

고객과 가맹점주의 불편함을 읽어내는 정밀한 감지 시스템이자 문제를 '기록하고 개선하는 구조'로 전환시켜 주는 가맹본사의 핵심 역량입니다.

광고보다 강한 고객의 한마디와 실수보다 오래 남는 리뷰의 별점, 가맹점주의 실망보다 무서운 이탈.

이 모든 리스크를 막아 주는 것이 바로 체계적인 CS 대응 시스템입니다.

5-3

사람이 아닌 시스템이 말하게 하라, 본사의 커뮤니케이션 구조 설계

"가맹점주랑 연락이 잘 안 돼요."
"공지했는데, 점주님이 전혀 못 들었다고 하시네요."
"SV는 전달했다고 하고 가맹점주는 못 받았다고 하고…."

프랜차이즈 가맹본사와 가맹점 사이의 갈등은 대부분 '소통 실패'에서 시작됩니다.

가맹본사의 공지를 전달받지 못했다는 가맹점주, SV는 매장 방문 시 분명히 전달했다는 주장, 가맹본사의 담당자에 따라 매장별로 다른 정보가 퍼지는 상황은 결국 가맹본사와 가맹점간의 신뢰 붕괴로 이어집니다.

특히 브랜드가 성장하면서 가맹점주의 수가 늘어나면 개별 커뮤니케이션으로는 한계에 봉착하게 됩니다.

이 장에서는 '사람이 아니라 시스템이 소통하는 구조'를 어떻게 만들 것인지, 그리고 공지와 피드백, 위기 상황에서의 커뮤니케이션을 자동화·표준화하는 실무 방안을 제시합니다.

■ 가맹본사는 '알렸습니다.'가 아니라 '전달됐습니다.'를 증명해야 한다

많은 가맹본사가 공지사항을 단순히 단체 카톡방에 올리고 "공유했습니다."라고 끝냅니다.

하지만 가맹점주는 "못 봤다.", "그런 이야기 들은 적 없다."고 말하고 결국 커뮤니케이션 오류가 반복됩니다.

진짜 커뮤니케이션은 단순한 정보 전달이 아니라 듣는 사람이 내용을 완전히 이해하는 것입니다.

가맹본사는 내용을 단순하게 전달하는 것이 아니라 누가 언제 어떤 내용을 읽었고 해당 내용을 이해했는지를 확인할 수 있는 시스템을 구축해야 합니다.

■ 프랜차이즈 가맹본사의 커뮤니케이션 3대 원칙

① 채널 일원화
  → 공지 채널은 명확히 하나로 통일 ("연락은 여기로.")
② 전달 확인 구조

→ 누가 언제 어떤 내용을 읽었는지 시스템으로 기록돼야 한다.

③ 이해 중심 설계

→ 전달만이 아니라 이해를 위한 콘텐츠(영상, 이미지 등) 필요

▪ **실전 사례 - 커뮤니케이션 구조 개선으로 민원 50% 감소**

도시락 프랜차이즈 브랜드 A는 초기에 가맹점에 안내하는 공지사항을 단순히 가맹점주 단체 카톡방에만 공유했습니다.

SV가 구두로 전달하거나 개별 문자로도 재공유했지만 전달내용이 누락되거나 중복전달로 가맹점에서의 민원이 끊이지 않았습니다.

이에 따라 가맹본사는 가맹점과의 커뮤니케이션 시스템을 다음과 같이 개선했습니다:

- 카카오톡 채널 1:1 전용화
- 공지사항은 노션 게시판에 주차별 등록
- 중요 공지는 동영상 또는 카드뉴스 형태로 가공
- 공지 클릭 시 확인 로그가 자동으로 남는 툴 연동
- 공지 수신 확인 여부를 주간 보고서 형태로 운영팀에 자동 제출

그 결과 가맹점주의 민원은 절반 이상 줄었고 "들은 적 없다.", "못 봤

다."는 불만이 급감했습니다.

가맹본사는 '책임 있는 소통'을 구조화하면서 가맹점의 신뢰를 회복했습니다.

◧ 커뮤니케이션 수단별 장단점 분석

수단	장점	단점	추천 사용 방식
카카오톡(1:1)	빠르고 익숙함	기록 추적 어려움	긴급 알림, 개별 대응
단체방	전체 공유	소음, 중복, 누락	가벼운 소식, 축하, 분위기
프차프로, 노션, 에버노트 게시판	체계적 관리	초기 진입장벽	공지사항, 교육자료 아카이브
메일	공식성 있음	열람률 낮음	계약, 정산, 법적 공지
유튜브/영상	이해도 높음	제작 시간 필요	운영 매뉴얼, 메뉴 가이드
프차프로 등 전용 앱(CRM)	통합 기능 가능	개발비용 부담	대형 가맹본사 기준 최적화

📌 일정 가맹점 수 이상의 가맹본사는 전용 앱으로 일원화해서 사용하는 것이 가장 좋습니다.

◾ 커뮤니케이션 시스템 설계 기준(중소 가맹본사 기준)

① 공지사항 게시판 + 수신 확인 시스템
- 노션이나 Google Site로 간단히 구축 가능

② 주간 요약 브리핑 콘텐츠
- 카드뉴스 형식 또는 음성 브리핑(2분 내외)
- 공지 요약, 매출 흐름, 마케팅 일정 안내

③ 긴급 공지용 푸시 채널 확보
- 카카오채널 + SMS 자동 연동
- 물류품목 품절, 이벤트 변경 즉시 전달

④ 소통 히스토리 기록
- 가맹점주별 소통 이력 DB화(민원·요청·회신 여부)
- 담당 SV 관리 항목으로 활용 가능

⑤ 가맹점주 커뮤니티 운영
- 네이버 카페, 단체 오픈채팅방 등에서 자유롭게 소통
- 가맹본사는 개입 최소화, 가맹점주 간 정보 공유 중심 운영

■ 상황별 커뮤니케이션 시나리오 예시

상황	전달 방식	메시지 형식
메뉴 변경	노션 게시 + 카카오 링크	카드뉴스 + 요약 설명
위생 이슈	카카오톡 + SMS 병행	단문 공지 + 대응 매뉴얼 링크
교육 영상 배포	노션 게시 + 유튜브 링크	영상 썸네일 + 시청 안내

■ 체크리스트 - 우리 가맹본사의 소통 구조는 사용하고 있는가?

① 공지사항이 가맹점에게 일관된 채널로 전달된다.
② 공지사항 가맹점 수신 여부를 가맹본사가 확인할 수 있는 시스템이 있다.
③ 영상, 이미지, 카드뉴스 등 이해 중심 콘텐츠가 있다.
④ 소통 이력이 담당자별 가맹점별로 기록되고 관리된다.
⑤ 가맹점주 간 자유롭게 질의응답할 수 있는 공간이 있다.
⑥ 긴급 상황에서 '단 1명도 놓치지 않는 전달 방식'이 존재한다.

■ 이 장을 마치며

가맹본사와 가맹점 간의 소통은 프랜차이즈 가맹사업에서 가장 핵심적인 요소 중 하나입니다.

단순히 말을 전하는 것이 아니라 어떤 정보가 언제 어디서 누구에게 전달되었고, 그 정보가 어떻게 이해되었는지를 추적할 수 있어야 비로소 그것이 진짜 커뮤니케이션입니다.

담당자나 협력업체가 바뀌더라도 가맹점이 늘어나거나 대표가 자리를 비워도 가맹점주는 언제나 같은 기준의 정보를 이해하기 쉬운 방식으로 받아 볼 수 있어야 합니다.

이것이 프랜차이즈 시스템을 갖춘 가맹본사의 기본이며 지속 가능한 프랜차이즈를 만드는 출발점입니다.

5-4

가맹점주의 이탈을 막는 가맹계약 구조

"10년 가까이 함께한 가맹점주가 어느 날 경쟁 브랜드로 간다고 통보해 왔습니다. 계약 기간은 남아 있었지만, 이미 신뢰는 무너졌다는 걸 알 수 있었습니다."

프랜차이즈 가맹본사 대표들이 가장 깊이 고민하는 지점은 바로 잘 운영되던 가맹점의 이탈입니다.

프랜차이즈에서 가맹점주의 이탈은 단순한 폐점 숫자 이상의 의미를 가집니다.

하나의 가맹점이 문을 닫는다는 건 그동안 쌓아온 가맹본사에 대한 신뢰가 무너졌다는 신호입니다.

브랜드의 진정한 성장은 신규 가맹 계약보다 기존 가맹점주의 재계약이나 양도양수를 통한 안정적 유지에서 나옵니다.

지속 가능한 프랜차이즈는 단순히 넓히는 것보다 이미 함께하고 있는 파트너들과 얼마나 오래 가느냐가 더 중요합니다.

이 장에서는 가맹점 이탈을 사전에 막을 수 있는 가맹계약 구조 설계 방법과 재계약을 자연스럽게 유도할 수 있는 실무 전략을 중심으로 다룹니다.

가맹계약서에 서명을 받는 것에서 끝나는 것이 아니라 어떻게 '함께 가는 구조'를 가맹계약 안에 담을 것인가 그 방법을 구체적으로 정리합니다.

▣ 가맹계약서는 가맹점을 억제하는 장치가 아니라 함께 나아가기 위한 약속입니다

많은 프랜차이즈 가맹본사들이 가맹계약을 가맹점에 대한 '구속의 수단'으로만 바라보는 경우가 많습니다.

하지만 가맹점주는 단순히 가맹본사에 의해 제한받는 존재가 아니라 브랜드를 함께 만들어가는 중요한 파트너입니다.

가맹계약서의 한 문장 그 문구 하나가 가맹점주에게 "나는 보호받고 있다."는 신뢰를 줄 수도 있고, "이건 날 묶어 두려는 계약이구나."라는 불신을 심을 수도 있습니다.

따라서 가맹계약은 단순한 법적 방어 수단이 아니라 가맹점주가 이 브랜드와 계속 함께할 이유를 만들어 주는 구조로 설계되어야 합니다.

억제의 도구가 아니라 관계를 이어가는 기반이 되는 계약 그것이 진짜 프랜차이즈 가맹계약서입니다.

▣ 가맹점주 이탈의 주요 유형과 대응 전략

이탈 유형	발생 원인	대응 계약 구조 설계 방향
자발적 폐점	매출 부진, 피로감 누적	매출 개선 컨설팅, 재교육 참여권, 영업 중단 시 지원 정책 명시
경쟁 브랜드 전환	새로운 아이템 유입, 가맹본사 지원 미흡	동일 업종 금지(경업금지) 조항 + 재계약 시 확장형 추가 브랜드 제안
계약 기간 만료 후 이탈	재계약 혜택 부족, 관계 형식화	재계약 시 혜택(물류 지원, 로열티 감면, 상권 우선권 등) 제시
가맹본사 신뢰 붕괴	갈등, 응대 미흡, 시스템 불만	가맹본사 의무 조항 강화(교육, 마케팅, 물류 등) + 분쟁 조정 기구 명시
외부 스카웃	경쟁 브랜드 인센티브 제안	우수 가맹점주 리워드 제도, 가맹본사 주도 사업 확장 기회 제공

▣ 가맹본사 가맹계약서에 반드시 포함돼야 할 유지 기반 조항

1. 재계약 조항 - 지속성 있는 관계 유지

"가맹계약 만료 6개월 전, 가맹본사와 가맹점주는 상호 재계약 여부를 협의한다."

"재계약 시 기존 조건 유지 또는 합리적 범위 내 조정이 가능하다."

→ 갱신 요구권(10년 보장)을 기초로, 가맹본사가 먼저 선제 제안할 수 있는 구조가 중요합니다.

2. 동일 업종 금지 조항 - 브랜드 전환 차단

"계약 해지 또는 만료 후 가맹점주 또는 특수관계인은 3년간 동일 업종 유사 브랜드 운영 불가."

"단, 가맹본사에 2회 이상 개선 요청을 했음에도 지속적인 수익 악화가 발생한 경우, 해당 조항은 유예할 수 있다."

→ 법적 타당성과 가맹점주의 불만 수용 가능성을 동시에 고려한 조항

📌 경업금지 조항은 매우 민감하므로 작성 시 주의하셔야 합니다.

3. 우수 가맹점주 리워드 조항 - 가맹점 운영을 지속할 이유를 제공

"장기운영 매장 및 우수 가맹점은 연 1회 선정하며 다음과 같은 보상 중 2개 이상을 제공한다."

① 신규 출점 시 상권 우선권 제공.
② 로열티 일부 또는 전액 면제.
③ 브랜드 캠페인 협업 기회 부여.
④ 연말 가맹본사 시상 및 리워드 제공.

📌 가맹점주 입장에서 가맹본사로부터 '대우받는다.'는 감정이 재계약의 이유가 됩니다.

4. 중도 계약 해지 조항 - 감정적 해지 방지

"계약 해지는 양 당사자의 협의 또는 다음 사유에 한해 가능하다."

① 3개월 이상 영업 중단.
② 가맹본사의 공급 중단 또는 중대한 계약 불이행.
③ 가맹점주의 고의적 브랜드 이미지 훼손 등.
  → 해지의 기준을 명확히 하고 감정에 의한 일방 해지를 방지할 수 있도록 설계.

■ 실전 사례 - 계약 구조 재정비로 이탈률 70% → 20% 감소

한 분식 프랜차이즈 가맹본사는 5년 이상 운영한 가맹점주들의 재계약률이 30%에 불과했습니다.

가맹점주들은 "계약조건은 그대로인데 가맹점을 운영할 이유가 없다."고 말했습니다.

이에 가맹본사는 가맹계약서에 다음과 같은 실질적 혜택을 명시했습니다:

- 재계약 시 물류비 지원 3개월 제공.
- 1년간 로열티 50% 감면.
- 우수 가맹점주에게 향후 신규 브랜드 런칭 시 해당 지역 1호점 우선권 제공.

이러한 조치는 가맹점주 입장에서 '실질적 금전적 이익'으로 체감되었고 그 결과 다음 해 재계약률은 82%로 상승했습니다.

단순한 문구 변경이 아니라 가맹점주의 부담을 줄이고 함께 갈 수 있는 구조를 만든 것이 핵심이었습니다.

■ **실무 설계 팁 - 계약 조항은 3가지 기준을 충족해야 유효하다**

① 구체성 - '적절한 지원'이 아닌 '월 1회 SV 방문 지원'처럼 수치와 주기 명시.
② 상호성 - '가맹본사의 권한'보다 '가맹본사-가맹점주 공동 협의' 형태로 표현.
③ 합리성 - 과도한 조건은 오히려 무효 처리 가능성 있음. → '어떻게 해 줄까?'보다 '어떻게 같이 가자고 설계할까?'가 핵심.

■ 체크리스트 - 우리 가맹본사의 계약 구조는 이탈을 막고 있는가?

① 재계약 시 가맹점 혜택 제공이 명문화되어 있다.
② 경쟁 브랜드 이탈을 막는 구조가 실효성 있게 존재한다.
③ 가맹점주 리워드 제도가 계약에 포함돼 있다.
④ 중도 계약해지 사유가 명확히 정리돼 있다.
⑤ 계약 종료 후 동일 업종 제한 조항이 합리적으로 존재한다.

■ 이 장을 마치며

가맹점주의 이탈은 계약기간 내 해지 시 위약금이라는 명목으로 묶어 둘 수는 있습니다.
하지만, 이런 방식은 계약기간이 끝나게 되면 결국 가맹점은 폐점으로 이어집니다.
가맹계약서는 갈등을 예방하고 지속가능한 관계를 설계하기 위한 프랜차이즈 가맹본사의 약속된 문서입니다.
법적인 위협이 아닌 신뢰를 주는 구조로 가맹계약서를 구성할 때 가맹점주는 계약이 끝나도 브랜드를 떠나지 않습니다.
이제는 '계약'이 아닌 가맹점주와의 '관계'를 설계해야 합니다.

5-5

가맹점주가 가맹점주를 키운다
- 브랜드 확장의 내부 구조

"가맹점주는 그냥 본인 매장만 잘 운영하면 됩니다."
"가맹본사의 정책만 잘 따르도록 하면 됩니다."

많은 프랜차이즈 대표들이 창업 초기에 이렇게 말합니다.
하지만 가맹점이 늘어나고 브랜드가 성장할수록 단순한 매장 운영자만으로는 가맹점주의 마음을 오래 붙잡을 수 없습니다.
가맹점주는 단순히 가맹본사의 방침을 따르는 매장관리자나 매장운영자가 아닙니다.
가맹점주 또한 독립된 사업자입니다.
고객을 직접 응대하며 현장의 문제를 해결하는 실전 운영자이며 동시에 브랜드 운영의 실제 경험과 노하우를 가진 전략 파트너입니다.
그리고 무엇보다도 가맹점주는 가맹본사나 담당 SV의 말보다는 같은 가맹점주의 말을 더 신뢰합니다.

바로 이 점이 가맹점주를 가맹본사의 '성장 파트너'로 전환하는 핵심입니다.

이 장에서는 가맹점주를 운영 인력이 아니라 브랜드 확장의 동반자로 설계하는 실질적인 시스템과 구조를 제시합니다.

▣ 가맹점주는 단순한 운영 인력이 아니라 함께 성장하는 파트너입니다

프랜차이즈 가맹사업은 가맹본사와 가맹점이라는 구조로 이루어지지만 결국은 사람과 사람이 관계를 맺고 함께 만들어가는 사업입니다.

이 사업은 가맹본사의 일방적인 지시로는 성장하지 않습니다.

진짜 프랜차이즈 가맹사업은 가맹점주 간의 신뢰와 본사와의 상호 존중 속에서 유지됩니다.

실제로 대부분의 예비 가맹점주는 본사의 설명보다 이미 운영 중인 가맹점주의 이야기나 경험을 더 신뢰합니다.

그렇기에 가맹점주를 단순한 외부 사업자가 아닌 내부 구성원으로 받아들이고 그들과 함께 브랜드를 키워갈 수 있는 구조를 설계하는 것이 지속 가능한 프랜차이즈의 핵심입니다.

■ 가맹점주를 '성장 파트너'로 만드는 5가지 전략

전략	설명
① 교육 → 성장 구조화	가맹점주 교육을 단순 '의무 이수'가 아닌 '역량 강화'와 '문제 해결 중심'으로 재설계
② 우수 가맹점주의 실전 피드백화	매장 운영·마케팅·고객응대 등 실제 성공사례를 가진 가맹점주가 다른 가맹점주를 직접 교육(매우 효과적)
③ 콘텐츠 제작 참여	가맹점주가 가맹본사 콘텐츠에 직접 등장해 '브랜드 대표자'로 역할 수행
④ 가맹점주 간 네트워크 강화	지역별 소모임, 오픈 채팅방 등 수평적 정보 교류 강화
⑤ 성과 보상 시스템	활동 가맹점주에게 운영비 지원, 물류비 감면, 브랜드 리더 인증 등 실질 보상 제공

■ 실전 사례 - 가맹점주가 가맹점주를 성장시키는 구조

도시락 프랜차이즈 브랜드 A는 초기 가맹점주 이탈률이 25%를 넘으며 위기를 겪었습니다.

가맹본사의 일방적인 운영 지시에 대한 피로감과 신뢰 부족이 원인이었습니다.

이에 가맹본사는 전체적인 구조를 전면 개편했습니다.

핵심은 '가맹점주는 가맹본사의 말을 신뢰하지 않아도 같은 가맹점주의 말은 신뢰한다.'는 현실입니다.

이를 반영해 다음과 같은 제도를 도입했습니다:

- 매장 운영이 뛰어난 가맹점주 → 신규 가맹점주 오픈 시 코칭 담당자로 위촉.
- 마케팅에 강한 가맹점주 → 성공사례를 카드뉴스·영상 콘텐츠로 제작, 신규 교육자료로 활용.
- 고객관리 우수 가맹점주 → 정기 워크숍에서 가맹본사 강사로 참여.
- 활동 가맹점주에게는 운영비 보전, 물류비 감면 및 지원, '브랜드 파트너 인증서' 발급, 필요 시 가맹본사 인력 지원.

이 제도는 가맹점주의 자부심을 높였고 신규 가맹점주에게 실질적인 신뢰를 제공했습니다.

📌 가맹점주가 가맹점주를 설득하는 구조는 그 자체로 브랜드 성장의 가장 강력한 전략입니다.

■ 가맹점주 성장 단계별 시스템 설계

단계	역할 변화	지원 시스템 예시
① 입점 초기	기본 운영자	가맹본사 교육 수료, 오픈 슈퍼바이징, Q&A 채널 참여
② 3~12개월	피드백 제공자	신규 메뉴 테스트, 운영 개선 제안 제도, 아이디어 제안 시 포인트 제공
③ 1~2년차	브랜드 참여자	콘텐츠 출연, 신규 가맹점주 오픈 멘토링, 가맹점주 커뮤니티 리더
④ 2년 이상	전략 파트너	지역 리더 가맹점주, 가맹본사 기획 회의 참여, 운영 매뉴얼 리뷰 TF

■ 가맹본사 시스템에 통합할 가맹점주 성장 프로그램 예시

분야	프로그램	설명
정기 교육	가맹점주 실전 운영 스쿨	가맹점주 운영자 → 리더로 전환하는 실무 교육
멘토링	가맹점주 코칭단 운영	신규 가맹점주 대상 1:1 피드백/ 오픈 직후 3개월 집중 운영
콘텐츠	리뷰 영상 · 브로셔 인터뷰	월 1회 제작/가맹점주가 실제 출연
보상 제도	운영비 지원/₩리워드	활동에 따라 월 물류비 감면 또는 가맹본사 인증서 제공

■ 체크리스트 - 우리 브랜드는 가맹점주를 '파트너'로 대하고 있는가?

① 우수 가맹점주가 실제 교육이나 콘텐츠 제작에 참여한 경험이 있다.
② 가맹점주 간 질의응답과 정보 공유가 가능한 커뮤니티 구조가 운영되고 있다.
③ 기존 가맹점주가 신규 가맹점주를 소개했을 때 그에 대한 감사 표시나 혜택이 제공되는 구조가 마련돼 있다.
④ 가맹점주가 정책 제안이나 메뉴 개선 등 운영에 실질적으로 참여할 기회가 있다.
⑤ 활발히 활동하는 가맹점주에게 실질적인 보상이 돌아가는 제도가 마련돼 있다.

📌 이 체크리스트는 단순한 운영 상태를 점검하는 것이 아니라 가맹점주가 브랜드의 진짜 구성원으로 함께하고 있는지를 확인하는 기준입니다.

■ 이 장을 마치며

가맹점주는 단순히 가맹본사를 위해서 가맹점을 운영하는 사람이 아닙니다.
그들은 브랜드의 최전선에서 고객을 만나고 실제 성과를 만들어내는 실전 파트너입니다.

　브랜드의 성장은 가맹계약으로 시작되지만 진짜 확장은 가맹점주의 추천으로 이루어집니다.

　가맹본사가 아무리 브랜드의 가치를 설명해도 가맹점주의 한마디만큼 신뢰를 얻기는 어렵습니다.

　이제는 가맹점주를 지시를 따르는 존재가 아닌 함께 성장하는 동반자로 바라보는 시스템을 갖춰야 할 때입니다.

　그 구조가 만들어질 때 당신의 브랜드는 확장성과 함께 무너지지 않는 강한 유지력을 갖게 될 것입니다.

―――――― **6장** ――――――

시스템 중심의
본사 운영

6-1

3인 본사부터 30인 본사까지, 실전형 조직 설계 전략

"직원이 3명인데, 다들 자기 일만 해요."
"누가 뭘 맡아야 하는지 기준이 없어서 결국 제가 다 합니다."
"SV가 가맹점 상담도 하고 발주 체크도 하고 협력업체 계약서도 만들고 있어요."

초기 많은 프랜차이즈 가맹본사가 가지는 문제입니다.
사람이 부족한 것도 문제지만 그보다 더 큰 문제는 '프랜차이즈 업무 자체에 대한 역할 분장'이 명확하게 정리되어 있지 않다는 점입니다.
현장에서 가장 흔한 상황은 구성원들이 자신의 역할을 정확히 알지 못한 채 대표의 지시에만 반응하며 움직이는 것입니다.
이런 상황이 반복되면 중요한 일일수록 우선순위에서 밀리게 되고 대표는 하루하루 긴급한 업무에만 쫓기게 됩니다.

대표가 매출 관리부터 점포 운영, 가맹 상담, 마케팅, 물류발주까지 모두 떠안는 순간 그 가맹본사는 대표 한 명의 기억과 경험에 의존해 돌아가는 조직이 됩니다.

문제는 이 구조는 브랜드가 성장할수록 한계가 명확해진다는 것입니다.

가맹점이 5개, 10개, 20개로 늘어나면 하나의 실수가 연쇄적으로 퍼지고 그때마다 "이건 누가 책임졌어야 하지?"라는 질문이 반복됩니다.

프랜차이즈는 시스템으로 운영되어야 합니다.

이 장에서는 프랜차이즈 가맹본사의 업무 구조를 어떻게 나눠야 하는지, 언제 어떤 조직을 세워야 하는지, 사람이 아닌 시스템이 일하게 만들려면 어떤 기준이 필요한지를 실제 사례 중심으로 설명합니다.

▣ 사람 중심의 조직에서 업무기능 중심의 조직으로 전환하라

프랜차이즈 가맹본사는 사람이 많은 게 아니라 업무적 기능이 잘 분리되어 있는 상태여야 합니다.

예를 들어 마케팅 담당자가 SNS도 하고 상담도 하고 디자인도 하고 있다면 아무리 능력이 뛰어나도 결국 어느 한쪽은 누락됩니다.

조직 설계에서 가장 중요한 원칙은 아래 두 가지입니다.

① 업무 단위로 역할(R&R: Role & Responsibility)을 정의하라.
② 사람이 아니라 '기능'을 기준으로 인력을 배치하라.

가맹본사의 매출이 일정 수준 이상이거나 가맹점 출점 수가 많아질수록 가맹본사 조직의 병목현상은 반드시 발생합니다.

이러한 병목현상을 막으려면 가맹사업 초기에 시스템을 잡고 그 시스템에 따라 사람을 채워야 합니다.

반대로 사람을 먼저 뽑고 시스템은 나중에 정리하려 하면 인력 간 충돌, 책임 전가, 업무 누락이 반복됩니다.

■ 프랜차이즈 가맹본사의 핵심 조직 기능

부서	주요 역할	인원 확장 기준
운영팀	점포 관리, 오픈 관리, 슈퍼바이징, 교육 및 CS 대응	점포 수 증가 또는 신규 출점 시 운영 지연 발생 시점
영업/개발팀	가맹 상담, 사업설명회 운영, 상권 분석, 계약 진행	월 상담 20건 이상 또는 월 3건 이상 가맹 계약 시
마케팅팀	콘텐츠 제작, SNS 운영, 광고 집행	월 2회 이상 콘텐츠 제작이 어려워지거나 광고 예산 확대 시
물류팀	원재료 발주·배송 관리, 거래처 관리, 단가 협상	직접 물류 진행 시
기획/관리팀	계약, 정산, 법무, 인사, 일정 관리	100호점 이상 출점 시

📌 **TIP**: 가맹사업 초기는 업무 겸직이 불가피하지만 반드시 업무 항목별 책임자의 지정과 문서화 작업은 필요.

조직 설계의 3단계 - 현실적이고 점진적인 구조

1. 1단계 - 3인 이하 초기 가맹본사

대표: 사업전략 + 가맹영업 + 가맹계약 + 가맹점주와 소통 가맹사업 총괄
직원 A: 가맹점 관리 + 물류서비스 및 공급품목관리 + 가맹점 교육
직원 B: 마케팅 콘텐츠 기획 + 디자인 + 간단한 SNS 운영

📌 가맹본사의 인원은 적더라도 업무 항목별 담당자를 명확히 구분해서 진행.

2. 2단계 - 5인 내외 중형 가맹본사

대표: 사업전략 가맹사업 총괄 + 주요 가맹점주·가맹계약 관리
팀장 1: 운영팀 총괄(슈퍼바이저 1명 포함)
팀장 2: 영업팀 관리(사업설명회 및 예비창업자 CRM 담당)
마케팅 담당: 콘텐츠 제작 + 광고 운영
관리(지원) 담당: 가맹계약 관리 + 가맹본사 문서 정리 + 가맹점 입점 일정 조율 + 물류서비스 연계

📌 업무별 단절 방지를 위해 협업 프로세스 및 일정 공유 시스템 필요.

3. 3단계 - 10인 이상 확장형 가맹본사

CEO → COO(운영), CMO(마케팅), CFO(회계)로 역할 분화
운영팀: 가맹점관리 SV, 가맹점 교육 담당, 가맹점 CS 관리자
영업팀: 점포개발, 가맹상담, 가맹계약 실무
기획팀: 상품기획, 판매가격정책, 경쟁사 분석
마케팅팀: 광고 운영, 콘텐츠 제작, 브랜드 채널 분석

📌 업무매뉴얼, KPI, 업무별 일정 관리 툴이 있어야 사람에 의존하지 않는 조직이 완성.

▪ 실전 사례 - 조직 구분이 안 된 브랜드의 실패

치킨 프랜차이즈 A사는 직영점을 포함해 총 30개 매장을 운영 중이었습니다.

외부에서 보면 어느 정도 안정된 중견 브랜드로 보였지만 내부 상황은 심각했습니다.

가맹본사의 슈퍼바이저 2명이 아래 업무를 동시에 담당하고 있었습니다.

① 가맹 상담 및 가맹계약 진행.
② 신규 출점 가맹점 오픈 관리.
③ 기존 가맹점 운영 피드백 및 CS 응대.
④ 월 2회 이상 사업설명회 기획 및 예비창업자 응대.
⑤ 브랜드 공식 인스타그램 운영과 콘텐츠 제작.
⑥ 광고 집행 후 결과 보고서 작성 보고.

여기서 문제는 슈퍼바이저 2명이 이 모든 업무를 처리해야 했다는 점입니다.

그 결과 가맹본사에 다음과 같은 문제가 발생했습니다:

① 상담 일정 누락
  → 예비창업자와 전화 약속을 깜빡하거나 사업설명회 장소가 이중 예약되어 예비창업자 이탈.
② 오픈 교육 일정 충돌
  → A 매장 오픈 교육과 B 매장 현장점검 일정이 겹쳐 두 일정 모두 제대로 진행하지 못함.
③ CS 민원 처리 지연
  → 고객 불만 접수 후 처리까지 4일 이상 소요. → 리뷰 악화. → 가맹점주 항의.

④ 가맹계약서 작성 오류
    → 가맹계약일, 가맹영업 시 합의했던 내용 특약사항에 누락하여 작성. → 가맹점주와 분쟁 발생.
⑤ 광고성과 분석 누락
    → 광고비 300만 원 집행 후 결과 보고 없음. → 광고 예산 삭감.
    → 마케팅 무력화.

여기에서 문제의 핵심은 사람이 부족한 것이 아니었습니다.
업무구조가 정리되지 않고 있는 인원으로 끼워 맞추는 시스템은 결국 문제가 발생하게 되면 어느 누구도 책임지지 않는 조직이 됩니다.
이 회사는 업무 책임 구역도 인수인계 체계도 없었기 때문에 '누가 뭘 빠뜨렸는가 보다. 항상 왜 또 이런 일이 생겼는가?'만 반복되었습니다.
그 결과 가맹점주의 불만은 점점 누적됐고 모든 책임은 단 두 명의 슈퍼바이저에게 집중되었으며 결국 계속된 질책 속에서 내부 직원들은 번아웃을 겪고 회사를 떠나게 되었습니다.

📌 **핵심 원인 정리**

- 실무를 담당할 인력은 있었지만 각 업무에 대한 역할과 책임(R&R)이 명확하지 않았고, 업무가 혼재되어 협업이 아닌 충돌 구조로 운영되고 있었습니다.

- 또한 모든 보고와 의사결정이 대표 1인에게 집중되면서 가맹본사 전체가 대표라는 병목에 갇혀 업무처리 속도도 업무 효율도 잃어버린 상태였습니다.

◼ 조직 설계 시 주의할 점

항목	잘못된 설계 예시	개선 방안
역할	"일단 다 같이 해 보자.", "그때그때 담당 정해요."	모든 업무에 1명의 책임자 설정 ('1명 1기능' 원칙 적용)
보고 체계	"직급 없이 수평적으로 소통하자." → 책임 불분명	간결한 직급 기반 보고라인 유지
인력 채용	"바빠지면 한 명 더 뽑자."	역할 단위로 선행 인력계획 수립
겸직 운영	"마케팅도 하고 상담도 하고 교육도 같이 해요."	겸직 가능하되 문서상 업무 역할 범위의 구분 필요
교육 시스템	"경험 많은 직원이 직접 가르칩니다."	매뉴얼 기반 인수인계 체계 구축 및 신규자 교육 설계

◼ 업무 분장표 예시(5인 기준)

현실적인 5인 내외 가맹본사 기준으로 직무 분리와 보고 구조 예시표입니다.

역할	주요 담당 업무	보고 대상
대표	전략 수립, 신규 계약 최종 검토, 외부 파트너십 운영	-
운영 매니저	가맹점 운영 관리, CS 대응, 가맹점 오픈 교육 계획 및 시행	대표
영업 담당	가맹 상담, 가맹 계약 진행, CRM 관리, 사업설명회 운영	대표
마케팅 담당	브랜드 콘텐츠 제작, SNS 및 블로그 운영, 광고 성과 분석	대표
지원 관리자	가맹계약 문서화, 가맹점 발주 수기 관리, 매출 정산 및 일정 통합 관리	대표

📌 **R&R 문서화**

① 모든 담당자의 업무 항목을 문서로 명확히 정리합니다.
② 업무 인수인계 및 퇴사자 발생 시에도 시스템이 유지될 수 있도록 체계화합니다.

▣ **체크리스트 - 우리 가맹본사는 업무시스템이 잘 구성되어 있는가?**

① 모든 직원의 업무가 문서로 명확히 정의되어 있다.
② 겸직이 있더라도 업무 기준이 구분되어 있다.
③ 보고 체계가 명확하고 의사결정 라인이 혼선 없이 사용한다.

④ 신규 인력 채용 시 직무별 요구 역량과 역할이 정리되어 있다.
⑤ 조직 확장을 위한 단계별 조직 로드맵이 사전에 설계되어 있다.

📌 만약 위 항목들 중 상당수가 지금 우리 조직에 해당하지 않는다면 당신의 가맹본사는 여전히 대표 개인의 역량에 의존하는 구조일 가능성이 높습니다.
이러한 상태에서는 가맹점이 늘어날수록 운영 리스크가 커지고 확장보다 유지가 더 어려운 국면에 빠지게 될 수 있습니다.

이 장을 마치며

프랜차이즈 가맹본사를 운영하면서 가장 위험한 착각은 발생된 문제의 원인을 '직원'에게서 찾는 것입니다.

하지만 실제로 문제가 발생하는 이유는 직원이 아니라 업무에 대한 역할이 명확하지 않은 조직 구조에 있습니다.

중요한 건 능력 있는 직원을 뽑는 것이 아니라 누가 어떤 일을 어떻게 책임지는지 그 기준이 시스템으로 보장되는 구조를 만드는 일입니다.

성장하는 프랜차이즈는 직원이 바뀌어도 흔들리지 않고 가맹사업에 필요한 운영이 멈추지 않는 구조를 먼저 설계합니다.

이제 당신의 가맹본사도 사람 중심의 운영에서 벗어나 업무 시스템이 작동하는 조직으로 전환할 때입니다.

6-2

보고서가 아니라
행동을 만드는 데이터 시스템

"매출은 계속 보고하고 있어요. 그런데 사실 왜 이걸 보고하고 있는지도 잘 모르겠어요."

"가맹점주들에게 데이터를 보내도 별다른 반응이 없어요. 이후 행동으로 이어지질 않아요."

"리뷰 점수가 낮거나 식자재 로스율이 높으면 문제인 건 알겠는데, 그래서 뭘 어떻게 해야 하죠?"

초기 프랜차이즈 가맹본사들이 빠지는 공통된 함정이 있습니다. 바로 가맹사업에 필요한 데이터를 모으기만 한다는 것입니다. 하지만 데이터는 숫자 그 자체로는 아무 의미가 없습니다. 그 숫자를 왜 모았는지, 어떻게 활용할지, '누구에게 어떤 행동을 유도했는지'로 이어질 때 비로소 살아 있는 도구가 됩니다.

이 장에서는 '데이터는 가맹본사의 의사결정에 꼭 필요한 조건'이라는 관점으로 가맹본사가 수집한 데이터를 어떻게 해석하고 가맹점주의 행동까지 어떻게 연결시킬 것인지를 실제 리포트와 기준표 중심으로 설명합니다.

▣ 데이터는 가맹본사의 의사결정에 필수조건이다

프랜차이즈 가맹본사에게 데이터는 단순한 숫자나 보고서가 아닙니다.
가맹점을 진단하고 방향을 제시하는 도구이자 행동을 유도하는 기준입니다.
단순히 '기록용'으로 정리하는 숫자가 아니라 다음과 같은 방식으로 해석되고 전달되어야 합니다.

① "재방문율이 19%입니다."
  → 단골 비율이 낮다. = 매장 운영의 매력도가 떨어질 가능성.
② "로스율이 6.5%입니다."
  → 원가 손실이 높다. = 교육 미흡이나 발주 방식의 문제 가능성.
③ "평균 리뷰 점수 4.1점입니다."
  → 고객 응대나 품질 문제 가능성. = CS 교육 보완 필요.

하지만 이런 수치들이 '기준' 없이 제공되면 가맹점주는 오히려 더 혼란스러워합니다.

"높은 건지 낮은 건지 모르겠고, 뭘 어떻게 하라는 건지도 모르겠어요."라는 반응이 나옵니다.

그래서 모든 데이터는 반드시 기준 수치와 함께 제공되어야 하며 그 수치가 왜 중요한지, 어떤 행동으로 이어져야 하는지를 가맹점주 입장에서 쉽게 이해할 수 있도록 설명해야 합니다.

■ 실전 사례 - 데이터의 숫자가 행동을 바꾸는 구조

프랜차이즈 브랜드 A는 가맹점 30개를 운영 중이었고, 대부분의 가맹점이 매출 하락세를 보이고 있었습니다.

가맹본사는 매일 아래 데이터를 수집하고 있었습니다.

① 일매출, 시간대별 매출, 상품별 매출
② 테이블 객단가, 고객 재방문율
③ 배달앱 리뷰 평점 및 키워드
④ 식자재 발주량 및 로스율

하지만 이 데이터들은 단지 엑셀로 정리되거나 월간 보고서에 포함되어 있었을 뿐 가맹점주에게는 어떠한 변화도 유도하지 못했습니다.

그러던 중 가맹본사는 한 가지를 바꿨습니다.

바로 '내 매장 진단 리포트'를 가맹점에 매주 자동 발송하고, 이 리포트에 아래 내용을 함께 담기 시작한 것입니다.

"점주님, 지난주 매장 재방문율이 19%로 동일 지역 평균 25% 대비 낮은 수치입니다.
원인 분석 결과 리뷰 키워드 중 '응대 불친절'이 3회 이상 발생했고 이에 따라 이번 주 SV 방문 시 '고객 응대법에 대한 교육'을 진행할 예정입니다."

이후 3개월간 가맹점주들은 가맹본사가 제공하는 수치를 이해하고 가맹본사의 후속조치를 받는 경험을 반복했습니다.
그 결과, 가맹본사에 대한 신뢰도가 상승했고 재방문율은 평균 6~8% 상승, 리뷰 중 CS 관련 부정 키워드는 40% 이상 감소했습니다.

◼ 데이터 흐름 구조 - 데이터 수집부터 실행까지

1. POS(주문 발생 지점)
- 매장에서 손님이 주문을 하면 POS가 그 정보를 기록합니다.
- 예를 들어 손님이 버거를 주문하면 '버거 1개'라는 데이터가 생성됩니다.

2. 가맹본사 데이터베이스로 이동

- 이 주문 데이터가 본사 서버 또는 포스사 서버에 저장된 '큰 창고(DB)'로 전송됩니다.
- 모든 매장의 주문 내역이 한곳에 모여서 보관됩니다.

3. SV 대시보드에 시각화

- 저장된 데이터를 모아서 한눈에 볼 수 있는 화면(SV 대시보드)에 띄웁니다.
- 예를 들어 '오늘 버거 총 50개, 음료 총 30개' 같은 핵심 숫자가 그래프로 정리됩니다.

4. 가맹점주 리포트 생성

- 대시보드의 주요 지표를 뽑아 각 매장별 보고서로 만들어 배포합니다.
- 가맹점주는 내 리포트만 보면 매출 현황·인기 메뉴 등을 바로 알 수 있습니다.

5. 피드백 수집

- 가맹점주나 운영팀으로부터 "이 메뉴가 잘 안 나가요." "이 시간대 매출이 저조해요." 같은 의견을 받습니다.

6. 개선 조치 시행
- 받은 피드백을 토대로 프로모션 변경, 직원 교육 강화, 메뉴 구성 수정 등 실제 조치를 합니다.

7. 재측정(효과 확인)
- 개선 조치 후 다시 POS에서 주문 데이터를 모아 같은 흐름으로 대시보드·리포트를 확인합니다.
- "프로모션 후 버거 판매가 20% 올랐다."면 성공, 그렇지 않으면 또 다른 대응을 검토합니다.

■ 기준 수치표 예시

항목	기준	조치
로스율	5% 초과	교육 대상 매장 분류
리뷰 평점	4.2 미만	CS 점검 요청
재방문율	20% 미만	프로모션 제안
원가율	35% 초과	발주 또는 메뉴 구성 재조정
일매출 변동률	-10% 이상	SV 현장 점검 요청

📌 가맹점에서 발생되는 모든 수치는 기준과 그에 따른 조치내용이 명확하게 연결되어야 합니다.

◾ **가맹점주용 진단 리포트 예시**

항목	수치	해석	조치 제안
주간 매출	700만 원	전주 대비 8% 하락	방문자 수 감소 가능성
객단가	11,500원	업계 평균 이하	세트 구성 제안
재방문율	18%	평균 이하	단골 유입 이벤트 제안
리뷰 점수	4.0	부정 키워드 3회	CS 재교육 요청
로스율	6.8%	기준 초과	발주량 재점검 필요

📌 이 가맹점 리포트는 매주(매월) 자동 발송되며 가맹본사 SV는 이 데이터를 기반으로 다음 가맹점 방문 시 행동 조치를 안내합니다.

◾ **가맹점주 피드백 대화 예시**

"점주님, 로스율이 6.8%로 기준인 5%를 넘었습니다.

이 수치는 단순히 '높다.'는 게 아니라 현재 인근 5개 가맹점 중 가장 높은 수치입니다.

특히 주방 식자재 입고량이 2주 연속 늘어난 반면 메뉴 판매량은 줄었습니다.

이번 주에는 입고 관리 교육과 식자재관리, 메뉴 재구성 컨설팅을 함께 진행해 드릴게요."

▣ 실무 정리 - 각 부서별 데이터 연동 구조

부서	활용 데이터	주요 조치
운영팀	고객리뷰, CS건, 로스율	교육, 현장 피드백
마케팅팀	재방문율, 이벤트 반응률	캠페인 설계
상품기획팀	메뉴별 매출, 메뉴별 마진	메뉴 개편
물류팀	식자재발주, 회전율, 재고율	납기조정
경영지원팀	손익분석표, 인건비율	점포 수익성 평가

▣ 체크리스트 - 데이터 시스템 진단

① 데이터수집 → 해석 → 조치 → 피드백 → 재측정 구조가 갖춰져 있는가?
② 가맹점주에게 항목별 수치의 기준을 함께 안내하고 있는가?
③ SV는 이 데이터를 근거로 교육 또는 현장 조치를 진행하는가?
④ 가맹본사는 이 데이터를 가맹사업 경영의 판단에 활용하고 있는가?
⑤ 매주 또는 월간 단위 리포트가 자동으로 발송되고 있는가?

📌 위 항목 중 여러 가지가 현재 운영 방식에 해당하지 않는다면 당신의 데이터 시스템은 여전히 단순한 보고용에 머물고 있을 가능성이 높습니다.

◼ 이 장을 마치며

프랜차이즈 가맹본사가 데이터를 수집하는 목적은 단 하나입니다.

바로 가맹사업의 전반적인 현황을 정확히 파악하고 앞으로 어떤 행동을 해야 할지 판단하기 위해서입니다.

그 행동의 주체는 가맹점주일 수도 있고 가맹본사일 수도 있습니다.

하지만 기준 없는 데이터는 아무 의미가 없습니다.

지금 가맹본사에 필요한 것은 단순히 숫자를 모으는 것이 아니라 그 숫자를 어떻게 해석하고 무엇을 실행할 것인지에 대한 명확한 방향입니다.

프랜차이즈는 감으로 운영하는 사업이 아닙니다.

축적된 데이터를 근거로 올바른 결정을 내리고 예측 가능한 방식으로 사업을 전개하는 것 그것이 지속 가능한 가맹본사를 만드는 핵심입니다.

6-3

물류서비스 · 수발주 · 비용정산의 자동화

"발주 마감 시간이 지나도 주문이 안 들어왔습니다."
"가맹점마다 발주 방식이 다 달라요."
"재고가 남았는지 몰라서 또 주문했대요."
"정산서를 매번 수기로 만들어야 해서 너무 힘들어요."

많은 프랜차이즈 가맹본사에서 운영의 비효율은 가맹점에 대한 물류서비스, 수·발주와 비용정산 과정에서 시작됩니다.

가맹본사가 작을 때는 수기로도 가능한 이 작업들이 매장 수가 늘고 재고 품목이 증가하면 물류 시스템 없이 버티기 어려운 업무로 변합니다.

이 장에서는 프랜차이즈 가맹본사 운영의 핵심적인 수익과 직결되는 업무인 물류서비스, 가맹점 수·발주, 비용정산을 어떻게 자동화 시스템으로 전환할 것인지, 그리고 그 과정에서 놓치기 쉬운 실무 포인트들을 정리합니다.

▪ 수·발주 시스템은 '오류 방지'와 '일관성 유지'의 도구

사람이 실수할 수 있는 영역을 시스템이 대신할 때 물류서비스의 운영은 관리가 아니라 통제가 됩니다.

물류서비스, 가맹점 수·발주, 비용정산은 매일 반복되는 단순한 업무지만 이 업무가 자동화될수록 가맹본사는 브랜드 전략에 집중할 수 있습니다.

하지만, 이 작업을 계속 사람의 손에 맡겨 두면 가맹본사는 시간적, 비용적 손실이 발생합니다.

물류서비스의 자동화는 가맹사업을 진행하는 데 선택이 아닌 필수 인프라입니다.

▪ 가맹본사 수발주 운영의 3단계 진화 모델

단계	방식	특징
① 수기 발주	전화, 문자, 카카오톡	가맹점마다 발주방식 상이, 발주 내역 누락 위험
② 엑셀 양식	양식 다운로드 후 제출	관리 일원화 가능, 오류나 중복 가능성 존재

| ③ 온라인 시스템 | ERP, 발주앱, 웹폼 | 실시간 처리, 오류 방지, 재고 자동 연동 |

📌 대부분의 소형 브랜드는 ②에서 ③으로 넘어가는 시점이 가장 중요합니다.

이 과정을 넘어서야만 가맹본사는 시스템 기반 경영에 들어갈 수 있습니다.

■ 실전 사례 - 수기로 운영된 물류서비스의 한계

즉석떡볶이 프랜차이즈 A사는 직영점을 포함해 20개 매장을 운영하고 있었습니다.

사업 초기에는 가맹점주가 카카오톡이나 전화로 발주하면 가맹본사 직원이 수기로 정리해 공급사에 전달하는 방식으로 운영됐습니다.

하지만 매장이 15개를 넘어서자 가맹본사 물류팀은 하루 평균 수십 건의 발주 요청을 문자, 카톡, 전화 등 다양한 채널로 받기 시작했습니다.

일관된 형식 없이 각자 다른 방식으로 들어오는 발주 정보를 물류팀은 엑셀에 수기로 정리해 발주서를 만들었습니다.

이 방식은 얼마 가지 않아 다음과 같은 문제를 야기했습니다.

① 발주 누락: 8건
② 중복 발주: 3건
③ 오배송 발생: 떡 종류 혼동 등으로 잘못 납품
④ 정산 오류: 동일 품목 중복 청구
⑤ 물류팀 야근: 직원 2명이 매월 2주 이상 연속 야근

가맹점주들의 불만도 거세졌습니다.

"떡볶이용 떡이 안 왔는데 확인 좀 해 주세요."
"왜 매번 김치가 빠지나요?"
"오배송이 반복되는데 본사는 체크도 안 하나요?"

📌 이 문제의 본질은 정확하게 정리되지 않은 물류서비스에 대한 운영방법이었습니다.
어떤 품목이 발주되었는지, 어떤 제품이 빠졌는지 매번 직접 확인해야 했고 그 과정에서 사람의 실수는 시스템이 막아 주지 못했습니다.

▣ 개선 조치 - 시스템으로 전환한 이후

가맹본사는 즉시 구글 기반의 간이 시스템을 도입했습니다.

① 발주 입력 시스템 전환

   - 구글폼 기반의 통일된 발주 폼 생성

   - 드롭다운 선택 방식 → 품목·단가 통일

   - 발주 마감 시간: 월·수·금 오전 11시 고정

② 미제출 매장 자동 알림

   - 발주폼 미입력 매장에는 자동 문자 및 SV 알림

③ 자동 정산 연동 기능

   - 발주 → 납품 → 정산 흐름을 구글시트로 연동

   - 발주 누락 및 이중 청구 감지 기능 포함

   - 월간 리포트 자동 생성 → 승인만으로 정산 완료

▪ 수발주 자동화 설계 기준

📌 BOM(Bill of Materials) 구축: 하나의 제품(또는 메뉴)을 만들기 위해 필요한 모든 재료, 수량, 단위, 규격을 체계적으로 정리한 문서 또는 시스템

① 메뉴별 자재 구성(레시피) 정리

   예: 전복죽 = 전복 60g, 쌀 150g, 정제수 100ml

② 품목별 코드 부여: 모든 원재료에 고유 코드 설정

   예: 김치(0857361), 발주 오류 방지

③ 발주 마감 요일 · 시간 고정

　예: 매주 월 · 수 · 금 오전 11시까지

④ 최소 주문 단위 및 단가 기준 명시

　예: 김치 1박스 = 10kg/단가 12,000원

⑤ 자동 발주 수량 추천 기능

　3주간 가맹점 평균 발주량 기준으로 다음 발주 시 제안

■ 물류 시스템 기본 구조

항목	구성 내용
발주	POS · 앱 연동/주기별 자동 추천/품목별 수량 입력
검수	납품 시 체크리스트 제공 → 가맹점 거래명세표 비교 확인 의무화
반품	사진 제출 기반 반품 구조/처리결과 자동 기록
정산	납품 완료 품목 기준 자동 계산/누락 · 불량 제외
계약 관리	단가, 납품일, 운송비 포함 여부 등 계약 정보 연동

■ 정산 자동화 - 실무 포인트

① 물품 공급 계약서 기준 정리: 공급 단가, 납품 빈도, 납품 요일, 운송 조건 등

② 정산서 자동 출력: ERP 또는 구글시트 기반 PDF 자동 저장

③ 승인 구조 확립: 가맹본사 담당자 승인만으로 월간 리포트 확정

④ 공급사 연동 체계화: API 연동 또는 수식 기반 자동 정산

▣ 시스템 전환 시 도구 정리

항목	도구	특징
간이 발주	구글폼 + 스프레드시트	소규모 브랜드에 적합, 무상 가능
전문 발주 솔루션	프차프로	중형 브랜드 이상 적용 가능
ERP 연동	외부 ERP 커스터마이징	100개 이상 매장 시 추천
정산 자동화	ERP 출력 or 엑셀 수식	PDF 자동 생성, 수작업 최소화

▣ 가맹점주 관점에서의 물류시스템 자동화의 장점

① 발주 소요 시간 3분 이내

② 품목별 최소 단위 자동 적용

③ 재고 기준 자동 수량 제안

④ 비용정산 누락·이중청구 방지

⑤ 반품 기록 자동 생성

⑥ 히스토리 기반 가맹본사 소통 구조

📌 가맹점에게 매장을 운영하는데 있어 가맹본부의 물류서비스로

인한 불편함이 없다는 인식을 만드는 것이 핵심입니다.

■ 체크리스트 - 지금 우리 가맹본사의 물류시스템은 자동화되어 있는가?

① 모든 가맹점이 동일한 방식으로 발주하고 있는가?
② 단가, 최소 수량, 코드가 시스템에 등록되어 있는가?
③ 발주 누락·중복이 자동으로 차단되고 있는가?
④ 검수와 반품이 표준 프로세스로 진행되고 있는가?
⑤ 정산서가 수기로 아닌 시스템에서 자동 생성되는가?
⑥ 공급 계약 내용이 정산 시스템에 반영돼 있는가?

📌 위 항목 중 해당되지 않는 부분이 있다면 가맹사업의 핵심 기반인 물류 시스템을 조속히 정비하여 브랜드의 안정성과 확장 가능성을 갖춘 구조로 전환하시기 바랍니다.

■ 이 장을 마치며

프랜차이즈 가맹사업에서 물류 서비스, 가맹점의 수·발주 관리, 비용 정산 체계는 가맹사업 운영의 안정성과 확장성을 결정짓는 핵심 요소입니다.

초기 가맹본사의 경우 현실적으로 자체 물류 인프라를 갖추기 어려워 대부분 대기업 물류사에 위탁해 서비스를 제공하게 됩니다.

하지만 위탁 운영이라고 해서 물류 시스템 구축을 미룰 수는 없습니다.

가맹점 수가 증가하고 거래 규모가 확대되면 더 나은 조건과 효율적인 운영을 위한 자체 물류 시스템이 반드시 필요해집니다.

따라서 가맹본사는 사업 초기 단계부터 장기적인 확장을 고려한 자체 물류 서비스 구축 계획을 함께 준비해 두어야 합니다.

이것이 장기적으로 가맹본사의 수익 구조를 강화하고 가맹점 신뢰를 높이는 핵심 전략이 됩니다.

6-4

퇴사자 뒤에 남는 건 업무매뉴얼뿐
- 내부 운영의 기준 만들기

"근무하던 직원이 퇴사한 뒤에는 아무도 이전에 어떤 업무를 진행했는지 알 수 없습니다."

"익숙하게 진행하던 업무절차가 어느새 사라졌고 새 직원에게 전달할 매뉴얼이나 업무 자료도 전혀 마련되어 있지 않습니다."

프랜차이즈 본사의 업무 시스템은 가맹점주를 지원하는 것뿐만 아니라 운영 담당자, 마케팅팀, 슈퍼바이저, 디자이너, 가맹계약 관리 담당자 등 모든 직원이 동일한 절차와 기준에 따라 일할 수 있도록 설계되어야 합니다.

초기에는 본사 대표나 소수 인원이 가맹점을 직접 교육하며 관리할 수 있지만 가맹점이 늘어나고 내부 조직이 커질수록 구두 지시만으로는 한계가 분명하게 드러납니다.

이 장에서는 본사 내부 직원들이 실수 없이 같은 기준으로 업무를 수행할 수 있도록 '실무 중심의 내부 업무매뉴얼' 구성 방안을 구체적으로 제시합니다.

■ 업무매뉴얼은 '숙련자용'이 아니라 '처음 업무를 진행하는 사람을 위한 것'

업무매뉴얼은 경력자를 위한 도구가 아닙니다.
신입 직원도 업무매뉴얼만 보면 곧바로 업무를 수행할 수 있어야 합니다.
한 사람이 퇴사해도 업무 공백이 생기지 않고 새로 합류하는 직원이 같은 기준과 절차로 업무를 진행할 수 있을 때 그 조직은 사람에 의존하는 것이 아니라 시스템으로 운영되는 것입니다.
시스템에 기반한 업무는 기록과 축적으로 남습니다.
업무매뉴얼은 조직의 기억과 행동을 문서화하는 과정이며 이 문서화된 경험은 곧 브랜드가 확장할 수 있는 핵심 자산이 됩니다.

◼ 프랜차이즈 가맹본사의 내부 업무매뉴얼 5대 영역

영역	세부 항목	문서 예시
운영	가맹점주 응대, 가맹점 피드백, 오픈 매뉴얼, 운영 매뉴얼	매장 방문 보고서, CS 시나리오
영업	가맹 상담 흐름, 가맹계약 절차	상담 매뉴얼, 사전정보제공 체크리스트
교육	오리엔테이션, 현장 코칭 방식	교육 안내문, 교육 일정표, 교육 진행 매뉴얼
마케팅	콘텐츠 기획, 광고 운영 기준	월간 콘텐츠 캘린더, SNS 매뉴얼
행정	서류 관리, 회계 기준, 계약 관리	가맹계약서 관리 가이드, 가맹점 세금계산서 발행가이드

📌 각 업무의 영역은 담당자가 바뀌어도 일관된 수준으로 수행되어야 합니다.

◼ 업무매뉴얼 구성 기본 포맷

항목	구성 내용	예시
문서 제목	업무명_작성일_버전	상담진행매뉴얼_2025.06_V1
업무 목적	이 문서가 필요한 이유	"상담 과정을 표준화해 성과를 높이기 위해"

업무 흐름도	절차 순서화 → 숫자 또는 도식	상담 예약 → 사전정보제공(정보공개서, 가맹계약서 발송) → 상담 진행 → 가맹계약 체결
단계별 설명	주의사항, 대화 스크립트 포함	"가맹계약서 설명 후 반드시 서명 확인"
첨부 자료 링크	관련 체크리스트, 파일	정보공개서 설명 슬라이드, 가맹계약 진행 체크리스트
Q&A/실수 방지 팁	자주 묻는 질문, 오류 대비	"서명 거부 시 대체 서류로 진행 가능"

📌 업무매뉴얼은 단순한 문서가 아니라 업무 수행의 기준이 됩니다.

▣ 실전 사례 - 업무매뉴얼 부재로 인한 가맹본사의 혼란

디저트 프랜차이즈 A사는 초창기에 본사대표가 직접 메뉴 개발부터 가맹점주 상담, 오픈 지원, 홍보 기획까지 모든 업무를 도맡았습니다.

가맹점 수가 5개에 불과할 때는 본사 대표 혼자서도 충분히 관리할 수 있었습니다.

하지만 가맹점이 20개를 넘어가면서 조직이 커지자 개점팀, 슈퍼바이저(SV), 마케팅팀, 가맹계약 담당자 등으로 업무가 분리되었습니다.

문제는 이때부터 발생했습니다.

각 부서가 동일한 상황을 서로 다른 방식으로 처리하면서 운영 기준이 사라졌고 가맹점 지원 절차와 결과가 부서별로 다르게 되어 현장의 혼란이 더욱 심화되었습니다.

1. 혼란 사례 ① - 오픈 가맹점마다 다른 교육 내용

서울에 신규로 오픈한 가맹점주가 이렇게 말했습니다.

"A매장은 재료 관리법부터 고객 응대까지 다 알려 줬다는데, 저는 SV가 그냥 명함만 주고 인사만 하고 가는 게 말이 되나요?"

오픈 현장을 지원해야 할 SV마다 가맹점 교육 내용과 방식이 달랐고 어떤 SV는 매장 오픈시간에 맞춰 마감할 때까지 매장운영에 대한 사항을 자세히 알려 준 반면, 어떤 SV는 오픈 당일에도 매장을 30분만 둘러보고 다른 매장을 방문한다는 이유로 방문을 끝냈습니다.

해당 가맹점주는 이 상황에 대해서 가맹본사에 항의하고 가맹본사에 대한 신뢰는 떨어졌습니다.

2. 혼란 사례 ② - 가맹계약서 등록 누락과 분실 사고

한 가맹점주는 계약금을 예치하고 가맹계약서까지 작성했지만, 본사에서는 "가맹계약서가 등록되지 않았다."는 답변을 들었습니다.

확인해 보니, 담당 영업직원이 가맹계약서를 자신의 개인 이메일에만 저장하고 본사 시스템에는 입력하지 않은 채 실물 서류도 제출하지 않은 상태였습니다.

가맹본사에서는 문제사항을 인지하고 전체적으로 다시 점검해 보니 실제로 가맹계약서 등록 누락 2건, 분실 1건이 발생했습니다.

3. 혼란 사례 ③ - 마케팅 부서 간 메시지 불일치

A사 마케팅팀은 계절 이벤트에 맞춰 디자인을 기획해 각 가맹점에 발송했습니다.

그런데 같은 시기 운영팀에서는 별도로 SNS용 콘텐츠를 제작해 또 다른 버전의 홍보물을 가맹점주들에게 보냈습니다.

문제는 두 메시지가 서로 달랐다는 점입니다.

가맹점주들은 이렇게 불만을 토로했습니다.

"도대체 어느 장단에 맞춰야 하는 건가요? 마케팅팀은 이벤트 이미지를 쓰라 하고, 운영팀은 다른 걸 같이 올리라 하고…."

결국 가맹점주들은 어느 지시를 따라야 할지 혼란을 겪었고 가맹본사 이미지에도 적지 않은 타격을 입었습니다.

가맹점주 단톡방에서는 "본사 직원들끼리도 소통이 안 되는 거 같다."는 말이 공공연히 나왔습니다.

▪ 문제 해결 - 내부 업무매뉴얼 프로젝트 TF팀 구성

본사 대표는 결국 결단을 내립니다.
조직 내 같은 업무를 두고도 담당자마다 다르게 처리되는 상황.
그리고, 누군가가 퇴사하면 업무내용이 사라지는 구조.
이 모든 원인을 정리해 보니 결국 '내부 업무매뉴얼 부재'라는 결론에 도달했습니다.
그래서 대표는 '내부 업무매뉴얼 프로젝트 TF팀'을 직접 조직합니다.
TF팀은 각 부서의 실무 담당자를 중심으로 구성되었고 1개월간 담당자 인터뷰와 실무 재정비를 시작했습니다.

▪ 시스템 정비 내용

1. 모든 업무 절차 표준화

가맹계약, 오픈 준비, 가맹점교육, CS 대응, 마케팅 기획 등 주요 프로세스를 문서로 정리, 부서별로 중복되거나 충돌하는 업무를 조정하여 역할 분장 정리.

2. 서류 양식 및 문서 체계 통일

- 가맹계약서, 오픈 체크리스트, 교육일지 등 자주 쓰이는 문서 25종 표준화.

- 각 문서에 담당 부서, 작성일, 최신 버전 정보 기입.

3. 매뉴얼을 클라우드 기반으로 운영
- 구글 드라이브 시스템 도입.
  → 문서 검색, 링크 연결, 실시간 수정 가능.
- 모든 직원이 언제든지 업무 매뉴얼을 열람하고 업데이트할 수 있도록 설정.

4. 책임자 지정 및 정기 점검 제도화
- 매뉴얼마다 담당 책임자 설정(예: CS 가이드 → 운영팀 김○○).
- 분기마다 '매뉴얼 점검 회의'를 열어 현장 이슈 반영 및 버전 업데이트 진행.

■ 도입 후 변화

TF 프로젝트 시행 후 단 3개월 만에 뚜렷한 변화가 나타났습니다.

1. SV 교육 기간 50% 단축
교육 내용이 표준화되면서 신입 SV도 매뉴얼 기반으로 동일한 교육을 수행할 수 있게 되었고 가맹점주의 만족도도 상승했습니다.

2. 가맹계약서 누락·서류 분실 0건

모든 가맹계약과 서류는 전자계약으로 진행하였고, 가맹계약 작성과 서류 승인 절차가 명문화되면서 오류 발생이 사라졌습니다.

3. 가맹점주 클레임 60% 감소

오픈 준비, 매장 홍보, 고객 대응 방식이 일관되면서 가맹점주 불만이 줄었고 내부 소통 오류도 거의 사라졌습니다.

4. 내부 직원 만족도 향상

직원들은 "예전엔 타부서가 어떻게 업무가 진행되는지 매번 물어봐야 했던 일을 이제는 업무매뉴얼 기준으로 진행하면서 문제가 없어져서 좋다."며 만족감을 표했습니다.

■ **마무리 메시지**

저는 한 달간 밤늦도록 내부 업무매뉴얼 전담 TF팀을 이끌며 직접 매뉴얼을 정비한 경험이 있습니다.

현장에서 같은 문제가 반복될 때마다 이를 해결하는 데 소요되던 시간과 비용이 얼마나 큰지 뼈저리게 느꼈습니다.

매뉴얼을 도입하기 전에는 동일한 이슈도 부서마다 각기 다른 방식으로 대응하며 비효율이 눈덩이처럼 불어났지만 체계화 과정을 거친

후에는 문제가 발생할 때마다 매뉴얼을 바로 참조해 일관된 절차로 움직일 수 있었습니다.

그 결과 업무 흐름이 차츰 안정되기 시작했습니다.

물론 가맹사업을 운영하다 보면 새로운 변수와 예외 상황은 언제든 발생합니다.

이럴 때마다 TF 활동을 통해 축적한 노하우로 매뉴얼을 신속히 보완하고 각 부서에 최적화된 절차를 즉시 적용하며 현장의 혼란을 최소화할 수 있었습니다.

이 같은 지속적 개선 덕분에 저는 20년이 넘는 시간 동안 흔들림 없는 운영 체계를 유지하며 안정적이고 효율적인 가맹사업을 이어 갈 수 있었습니다.

6-5

브랜드의 다음 단계를 설계하라
- 10개 매장에서 50개까지의 전략

"이제 가맹점 10개까지 늘렸습니다만 그다음 단계는 어떻게 준비해야 할까요?"

"좀 더 빠른 확장을 원하지만 어디서부터 손을 대야 할지 막막합니다."

"초반에는 가맹 문의가 쏟아졌는데 최근 들어 반응이 눈에 띄게 줄었어요."

대다수 프랜차이즈 본사들은 매장 수가 10개를 넘어서는 순간 "다음 성장 동력을 어떻게 마련할 것인가."라는 고민에 직면합니다.

그러나 여기서 흔히 간과하는 핵심이 하나 있습니다.

브랜드 확장이란 단순히 가맹점 수만을 늘리는 일이 아닙니다.

가맹점 수가 증가할수록 본사의 조직 역량, 자본 운용, 내부 교육·콘텐츠, 운영 시스템 등이 함께 성장해야만 진정한 가맹사업의 지속 가능한 확장이 가능합니다.

이 장에서는 가맹점 10개에서 시작해 30개, 50개 그 이상으로 나아가기 위해 필요한 준비 과정과 전략적 구조를 단계별로 안내합니다.

■ 브랜드 확장은 결과가 아니라 가맹사업 준비의 완성물이다

많은 대표님들이 이렇게 생각합니다.

"이제 매장을 좀 늘려도 되지 않을까요."
"올해 목표는 10개 가맹점 오픈입니다."
"홍보만 잘되면 가맹 문의는 계속 들어올 거예요."

현실은 막연하게 신규 가맹점 몇 개 오픈을 목표로 하는 것만으로 브랜드 확장이 이뤄지는 사례를 찾아보기 어렵습니다.

오히려 첫 매장의 성공에만 의존해 충분한 시스템 준비 없이 추가 출점을 추진했다가 동일한 문제와 실패를 반복하는 가맹본사가 많습니다.

진정한 확장은 가맹본사의 조직과 역량·자본 운용·교육 콘텐츠·운영 절차 등 모든 준비가 유기적으로 맞물려 비로소 완성되는 '결과물'입니다.

이 장에서는 프랜차이즈 가맹본사가 10개, 30개, 50개, 그 이상으로 성장하기 위한 준비 과정과 전략 구조를 단계별로 설명합니다.

◼ 프랜차이즈 확장의 3단계 성장 전략

1. 1단계 - 운영 기반 다지기(매장 10~20개 수준)

항목	설명
법적 문서	정보공개서, 가맹계약서, 가맹금 예치 구조 완비
운영 매뉴얼	가맹점주 운영 기준, 내부 직원 역할 매뉴얼화
가맹점주 관리	CS 매뉴얼, 커뮤니케이션 체계 정비
수·발주 시스템	자동화 발주, 정산 시스템 도입
MVP 운영	최소 자원으로도 안정 운영 가능한 구조 확보

📌 '1개 직영점의 운영'이 아니라 '10개 가맹점 관리를 위한 가맹본사' 체계를 갖추는 시점입니다.

2. 2단계 - 브랜드를 더 많은 사람에게 알리는 단계(매장 30~50개 수준)

항목	설명
마케팅 준비	블로그, SNS, 홈페이지 등 광고 채널 체계화
가맹 영업 구조	사업설명회 운영, 상담 흐름 정리, CRM 활용
조직 역할 나누기	운영팀, 영업팀, 마케팅팀 분리 및 책임자 지정
직영점 활용	지역 거점 매장(안테나숍) 확보로 브랜드 퀄리티 유지
출점 방식 다양화	샵인샵, 복합매장, 특수상권 매장 등 확장 방식 다변화

📌 이 시기는 가맹점 30~50개 규모가 되면 브랜드가 얼마나 많은 잠재고객에게 알려져 있는지와 고객의 실제 반응(리뷰, 재방문율 등)이 매출 성장과 직결되기 때문에 가맹점 수 대신 브랜드 인지도와 시장 반응을 주요 지표로 삼아야 합니다.

3. 3단계 - 시스템 중심의 확장 단계(매장 70개 이상)

항목	설명
ERP 도입	조직 시스템 전체를 자동화 · 데이터화하는 전산 시스템 구축
R&D 강화	메뉴 개발, 수익구조 개선, 제품 고도화 추진
리더 가맹점주 제도	지역별 우수 가맹점주 육성 → 운영 피드백 및 모니터링 체계
전국 확장 전략	권역별 지사, 총판 체계 도입
B2B 제휴 확대	제조 · 물류 · 플랫폼과의 전략적 협업 통한 수익의 다변화

📌 이 단계에서는 더 이상 개별 담당자의 역량이나 수작업에 의존하지 않습니다.

사람이 개별 판단을 내려야 하는 순간을 최소화하고 시스템이 업무의 흐름과 품질을 통제하는 구조를 완성하면 가맹본사는 규모의 확장에 따른 복잡성을 극복하고 어느 지점에서나 동일한 브랜드 경험을 제공할 수 있게 됩니다.

▣ 실전 사례 - 중형 프랜차이즈 B사의 구조적 확장

2021년, 죽 전문 프랜차이즈 B사는 전국에 40개 매장을 운영하며 별도의 대대적 광고 없이도 가맹 문의가 꾸준히 이어졌습니다.

그러나 어느 순간 신규 가맹 문의가 뚝 끊기고 기존 점주들의 이탈률이 높아지는 위기를 맞았습니다.

본사 대표는 브랜드가 정체기에 접어들었음을 인정하고 다음의 전략을 신속히 실행에 옮겼습니다.

1. 사업설명회 정례화

매월 4회씩 정기 사업설명회를 운영해 예비창업자와의 접점을 늘리고 본사의 비전과 지원 시스템을 집중 소개했습니다.

2. 브랜드 리뉴얼

슬로건과 BI를 개선해 브랜드 이미지를 현대화하고 '건강한 한 끼'라는 핵심 메시지를 명확히 전달했습니다.

3. 우수 점주 인센티브 제도 도입

성과가 뛰어난 가맹점주가 2호점을 개설할 때마다 인센티브를 지급하여 기존 가맹점주들에게 동기 부여를 강화했습니다.

4. 가맹계약 구조 및 만족도 조사 재정비

가맹계약 조건을 개선하고 정기적인 점주 만족도 조사를 도입해 현장의 목소리를 체계적으로 수집·반영했습니다.

5. 전산 시스템 통합

프차프로 솔루션을 기반으로 본사업무를 ERP·CRM 등 전산 시스템에 통합해 재고·매출·고객 데이터를 한눈에 관리하도록 설계했습니다.

이러한 조치들을 통해 B사는 브랜드 정체기를 돌파할 수 있었으며 브랜드 확장의 성패를 가르는 것은 결국 '사람'이 아니라 잘 설계된 '프랜차이즈 시스템'임을 다시 한번 확인했습니다.

■ 전략별 체크리스트 - 지금 우리는 준비가 되어 있는가?

항목	체크 내용
브랜드	브랜드 콘셉트 명확/메뉴 차별화/타깃 고객 정의
조직	팀별 역할 분리/책임자 정의/보고 체계 운영
시스템	발주, 정산, 교육, CS가 자동화·문서화되어 있다
콘텐츠	사업설명회 자료, 브랜드체험 후기 영상, 블로그 콘텐츠 보유
교육 체계	가맹점주 및 내부 직원 대상 커리큘럼 운영
수익 구조	가맹점주와 가맹본사 모두 이익이 나는 구조 확보

📌 위 체크리스트 중 '예.'로 표시된 항목이 4가지 미만이라면 지금은 브랜드의 확장보다는 프랜차이즈 시스템과 내부 조직을 정비하는 데 집중해야 할 때입니다.

자주 묻는 질문(FAQ)

1. 아직 가맹점이 5개인데 이런 브랜드 확장 전략이 필요한가요?

가맹점이 5개일 때가 오히려 프랜차이즈 시스템을 구축하기에 가장 유리한 시기입니다.

아직 조직도 작고 프로세스가 단순할 때 표준 매뉴얼과 자동화 체계를 설계해야 이후 전체적인 규모 확장 시 발생할 수 있는 혼선을 예방할 수 있습니다.

반대로 가맹점이 20개, 30개로 늘어난 뒤에야 프랜차이즈 시스템 정비를 시도하면 기존 방식과 충돌하고 수정 비용이 크게 증가하면서 혼란이 커집니다.

따라서 초기에 투자하는 시간과 노력이 장기적으로 보면 전체적인 비용과 리스크를 크게 줄여 줍니다.

2. 아직 별도의 마케팅 없이도 가맹 문의가 들어오고 있어요. 꼭 모집전략과 시스템을 만들어야 할까요?

별도의 마케팅 활동 없이 예비창업자의 자연적인 유입은 매우 귀한 자원이지만 언제든 흐름이 멈출 수 있다는 점을 기억해야 합니다.

소비자 트렌드와 경쟁 환경은 빠르게 변하며 한두 번의 성공 사례만으로는 지속적인 입소문을 보장하기 어렵습니다.

이럴 때 브랜드 사업설명회, 온라인 콘텐츠, CRM 프로세스 등 예비 창업자를 체계적으로 관리하는 시스템이 뒷받침되지 않으면 문의가 들어와도 실제 계약으로 전환하기 어렵습니다.

결국 안정적인 확장을 위해서는 '언제 어디서든 예비 창업자를 유입하고 관리할 수 있는 프로세스'가 필수적입니다.

3. 어떤 확장 방식이 더 효과적인가요?

출점 방식은 브랜드의 성격과 타깃 고객층에 맞춰 선택해야 합니다.

예를 들어 즉석 조리 중심의 브랜드는 기존 매장에 '샵인샵' 모델로 입점하는 것이 적합합니다.

예비창업자 입장에서는 초기 투자비용을 낮추면서도 브랜드 경험을 제공할 수 있기 때문입니다.

이 외에도 특수상권입점, 일반로드샵, 팝업스토어, 공동투자매장 등 다양한 방식이 있으므로 자사의 비즈니스 모델과 고객 행동 패턴을 면밀히 분석해 최적의 확장 전략을 수립해야 합니다

▣ 이 장을 마치며

이 책에서 지속적으로 강조하고 있는 브랜드의 확장은 단순히 가맹점 수를 늘리는 일이 아닙니다.

진정한 확장이란 고객이 어느 가맹점을 방문하더라도 동일한 경험을 제공할 수 있도록 가맹본사가 일관된 구조와 프로세스를 갖추는 것입니다.

그 중심에는 바로 '사람'이 아닌 '시스템'이 있어야 합니다.

감이 아닌 기준으로 누구나 같은 상황에서 일관된 판단과 행동을 할 수 있어야 하고, 광고가 아닌 전략으로 한 번의 성과에 의존하지 않는 지속 가능한 성장을 설계해야 하며 우연이 아닌 시스템으로 예기치 못한 변수에도 흔들림 없는 대응체계를 확보해야 합니다.

지금 여러분의 가맹본사는 어디에서 있습니까?

프랜차이즈 시스템의 정비보다는 당장의 문제 해결에만 매달리고 있진 않으신가요?

아니면 도약을 위해 모든 체계를 완비하고 다음 단계로 나아갈 준비가 되었나요?

이 장의 체크리스트를 다시 한 번 점검해 보시기 바랍니다.

브랜드의 확장은 시스템이 완성되는 그 순간부터 시작됩니다.

에필로그

이 책을 읽으며 가맹사업을 운영하시면서 마주했던 수많은 난관과 고민들이 떠오르셨을 겁니다.

"가맹사업의 확장 속도를 높여야 하는데 어디서부터 손을 대야 할지 막막합니다."
"분명히 시스템을 만들었다고 생각했는데, 가맹점마다 운영이 달라지는 건 왜일까요?"

저 역시 25년 넘게 프랜차이즈 본사와 현장을 오가며 똑같은 질문 앞에 수없이 멈춰 섰습니다.
처음 TF팀을 꾸려 내부 매뉴얼을 정비할 때는 부서마다 기준이 달라 매일이 혼선의 연속이었습니다.
누가 처리해야 할지 모르는 업무는 방치되었고, 퇴사자가 생기면 기억과 경험도 함께 사라졌습니다.
그러나 각 부서의 실무 절차를 매뉴얼로 정리하고, 이를 전산 시스템에 연결하자 모든 것이 달라졌습니다.

문제가 생기면 즉시 표준 절차를 불러와 대응할 수 있었고, 누가 어떤 업무를 어디까지 진행해야 하는지가 명확해졌습니다.

그 결과, 본사와 가맹점 사이의 신뢰는 점차 회복되었고 브랜드는 다시 안정적인 성장 곡선을 그리기 시작했습니다.

이제는 여러분의 차례입니다.

작은 실천이 쌓이면, 어느 순간 브랜드는 감이 아닌 기준으로 움직이게 됩니다.

가맹점마다 동일한 경험을 제공할 수 있는 구조가 만들어지면, 확장은 더 이상 불안이 아니라 기회가 됩니다.

오늘 딱 세 가지만 점검해 보시기 바랍니다.

① 가맹계약서 – 지금의 가맹사업 운영방식과 가맹계약서의 계약조항이 충돌하고 있지는 않습니까?
② 가맹상담 프로세스 – 예비 창업자가 처음 접촉해서 가맹계약까지 이어지는 흐름은 매끄럽습니까?
③ 매뉴얼과 전산 시스템 – 문서화된 기준이 실제 시스템에서 그대로 작동하고 있습니까?

이 작은 점검과 정비들이 바로 '프랜차이즈 시스템'을 완성해가는 가장 현실적이고 강력한 실천입니다.

프랜차이즈는 결국 사람과 사람이 만나는 구조입니다.

하지만 그 연결을 오래 유지시키는 힘은 사람이 아니라 시스템입니다.

브랜드의 확장은 광고가 아니라 전략에서, 경험이 아니라 구조에서, 우연이 아니라 설계에서 시작됩니다.

여러분이 오늘 설계한 기준은 당신의 브랜드가 '프랜차이즈'를 넘어 '신뢰의 플랫폼'으로 도약할 수 있는 가장 든든한 기반이 될 것입니다.

시스템은 완성되는 그 순간부터, 브랜드의 성장을 시작하게 합니다.

진심으로 여러분의 내일을 응원합니다.

더 이상 혼자 고민하지 마세요.

가맹본사 설립과 운영 노하우, 실무 자문까지 '프차프로' 네이버 카페에서 이어가실 수 있습니다.

⇨ 네이버 검색창에 [프차프로 카페]를 검색해 보세요.

부록

목차

---------- 1 장 ----------

개점 계획 및 운영

1-1.　개점 계획　　　　　　　　　　　　　　　248
1-2.　개점 진행　　　　　　　　　　　　　　　254
1-3.　오픈 진행　　　　　　　　　　　　　　　259

---------- 2 장 ----------

가맹점 교육 운영

2-1.　교육일정 조율　　　　　　　　　　　　　264
2-2.　교육자료 준비　　　　　　　　　　　　　267
2-3.　교육 진행　　　　　　　　　　　　　　　269
2-4.　교육 전 점검　　　　　　　　　　　　　　271
2-5.　이론교육 진행 상세　　　　　　　　　　　272
2-6.　교육 평가　　　　　　　　　　　　　　　274
2-7.　매뉴얼 관리　　　　　　　　　　　　　　278

3장
가맹점 운영관리 통합

3-1.	매장방문	282
3-2.	재계약	284
3-3.	폐점관리	286
3-4.	물류단속	288
3-5.	정책 시행	290
3-6.	양도양수	292
3-7.	인쇄물 발주	294
3-8.	보증보험	296
3-9.	모바일쿠폰 & 복지카드	297

4장
재계약비 및 공증채권 관리

4-1.	재계약비 관리	300
4-2.	공증채권 관리	303

─── 5장 ───

상권 분쟁 보고 및 처리

5-1. 상권분쟁보고서 작성 절차   308
5-2. 분쟁조정 및 처리   310
5-3. 결과 보고 및 종결 절차   312

─── 6장 ───

매출 활성화 매장 운영

6-1. 중점관리매장 선정 기준   316
6-2. 활성화보고서 작성   318
6-3. 프로모션 시행   320
6-4. 결과 보고   321

─── 7장 ───

우수가맹점 선정

7-1. 우수가맹점 선정 매뉴얼   324

8장
상품 구매 및 클레임 대응

8-1. 구매 절차   330
8-2. 구매업체 관리   332
8-3. 상품 클레임 대응   333

9장
신제품 개발 및 출시

9-1. 아이디어 회의   338
9-2. 연구개발   340
9-3. 기호조사   342
9-4. 구체화   344

10장
프랜차이즈 박람회

10-1. 박람회 진행 매뉴얼   348

11장
법무팀 운영 매뉴얼

11-1.	특허 · 상표 관련 업무	352
11-2.	가맹사업 관련 법무업무	354
11-3.	일반 법무업무	356

12장
인사노무 운영

12-1.	인사 · 노무 업무	362
12-2.	기타 관리 업무	365
12-3.	가맹점 정산 및 예치금 관리 매뉴얼	367

1장

개점 계획 및 운영

1-1

개점 계획

> **소개**
>
> 프랜차이즈 가맹본사의 개점담당자가 신규 매장을 오픈하기 위해 반드시 따라야 하는 업무 절차와 문서 체크리스트를 종합적으로 정리한 실무 매뉴얼입니다.
>
> 영업팀으로부터 가맹계약 통보를 받은 이후, 개점 전 과정을 담당자가 주도하여 실행하는 단계별 절차를 기준으로 문서화하였으며, 모든 실무자의 이해를 돕기 위해 서술형으로 문맥을 재구성하였습니다.
>
> 해당 매뉴얼은 실제 현장에서 누락 없이 실행될 수 있도록 반드시 점검해야 할 실측 및 서류 확인 항목을 포함하고 있습니다.
>
> 이 내용은 가맹점 개점 업무를 일정 수준 이상으로 유지하기 위한 핵심 관리 문서이며, 모든 항목은 가맹본사 팀장 또는 본부장의 최종 보고와 승인을 거쳐야 합니다.

가맹계약이 체결되면 영업부는 개점담당자에게 가맹계약 체결을 통보합니다. 이후 개점담당자는 영업자료를 인계받고, 실측 및 점포 계획, 도면 작성, 개점계획서 정리, 인수인계, 결과보고까지 일련의 절차를 이행하게 됩니다.

각 단계는 아래와 같습니다.

1. 영업자료 인수

1) 개점담당자는 계약 체결 통보를 받은 후, 아래 서류들을 영업부로부터 인수합니다.
   - 임대차계약서: 가맹점주소, 점포임대차기간, 보증금, 임대료, 관리비 등
   - 가맹보고서: 가맹계약까지 과정 및 인테리어 비용(시설공사비) 계획비용
   - 상권분석 체크표: 가맹점 상권 분석 자료 및 등급표(A급, B급, C급)
   - 가맹계약서: 가맹본사와 가맹점 간 계약서
   - 가맹점주진단서: 가맹점주 이력(전 직장 등) 및 응대전략
   - 점포 체크리스트: 점포 평수, 장비 반입구 위치, 전 업종 등
   - 예상매출액 산정서: 가맹점 예상매출액 산출근거 및 자료
   - 등기부등본: 소유자 확인, 근저당권 권리관계 확인 및 위반사항 여부 체크

- 건축물대장: 건축물 용도 및 불법건축물 여부 등 확인
- 주민등록등본: 분쟁발생 시 법원 추심용 자료

2) 위 자료 인수 후 서류의 이상 유무를 반드시 확인하고, '개점진행 확인서'를 작성하여 팀장 또는 본부장에게 보고합니다.
3) 교육팀에 가맹점주 교육일정을 요청하고 일정 확정 시 영업팀에 인수인계 날짜를 통보합니다.

2. 점포 실측

1) 개점담당자는 인테리어 담당자와 함께 실측을 위해 점포 현장을 방문합니다.
2) 현장에서는 점포의 물리적 환경을 점검합니다.
   - 상하수도 위치 및 유무
   - 전기 유입 및 전력용량 확인
   - 가스 종류(LPG/LNG) 및 공급 여부
   - 소방 시설
   - 냉/난방기 설치 가능 여부
   - 후드 및 배기 시스템 위치
   - 바닥 높이, 천장 상태, 기둥 돌출, 유리면 등

추가 공사가 필요한 항목은 인테리어 견적서로 정리하여 '점포체크표'에 기록하고 팀장 또는 본부장에게 보고합니다.

3. 점포 컨셉 및 도면 작성

1) 실측이 완료되면 개점담당자는 매장 환경과 구조를 고려하여 점포 콘셉트를 기획합니다.
2) 내·외부 디자인 콘셉트, 주방 및 홀의 동선, 가구 배치 등을 정리하고 인테리어 도면으로 작성합니다.
   - 도면은 최소 2가지 안 이상 제시하며, 가맹점주와 협의 후 결정합니다.
   - 최종 도면 및 일정표를 팀장 또는 본부장에게 보고하고 승인받은 후 시공을 진행합니다.

4. 개점계획서 작성

1) 인수인계 날짜가 정해지면 개점담당자는 영업자료 및 실측 점검 내용을 바탕으로 개점계획서를 작성합니다.
2) 개점계획서에는 다음과 같은 항목이 포함됩니다:
   - 표지: 가맹점명, 담당자 연락처 기재
   - 오픈 일정표: 인테리어, 교육, 인허가, 초도입고, 가오픈 및 그랜드오픈 일정
   - 위생교육 일정: 가맹점 입점 지역 일정 확인 후 기재
   - 보건증 발급 방법: 인근 보건소 위치 및 시간 확인
   - 영업신고, 사업자등록증, 전화·인터넷 신청 등
   - 식자재 발주 및 직원 구인 안내

- 확약서, 도면, 견적서 등 첨부 서류

5. 인수인계

1) 개점 전 인수인계는 가맹본사에서 실시하며, 영업부, 인테리어팀, 가맹점주, 개점팀 총 인원 4명 전원이 참석합니다.
2) 명함 전달과 함께 개점 담당자를 소개하며, 이후 모든 일정은 개점담당자가 전담한다는 점을 고지합니다.

    인수인계 내용은 아래와 같습니다:
    - 가맹계약서 내용 확인
    - 인테리어 도면 설명 및 수정 협의
    - 일정표 안내 및 가맹점주 체크리스트 전달
    - 전화 및 인터넷 신청, 직원 구인, 인허가 진행, 오픈 준비 안내
    - 초도물류 발주 및 홈페이지 가입 안내
    - 오픈 이벤트 기획 및 확약서 4종 서명(일반과세자, 원산지표시, 배달상권, 음식물 배상보험가입)
3) '인수인계 확인서'에 영업, 인테리어, 개점담당자, 가맹점주 서명 날인 후 팀장 또는 본부장 보고

6. 결과보고

1) 인수인계 이후 발생한 문제점 및 개선사항을 '인수인계 결과보고서'에 작성합니다.

2) 실무자 간 협업 과정에서의 이슈, 개점 일정 지연 사유, 가맹점주의 요청사항 등도 포함됩니다.
3) 개점결과보고 양식에 따라 정리 후 팀장 또는 본부장에게 보고합니다.

■ 별첨 양식

개점 계획 단계에서 반드시 사용해야 하는 별첨 양식은 다음과 같습니다:
① 개점진행확인서
② 개점계획서
③ 인수인계 확인서
④ 인수인계 결과보고서
⑤ 점포실측체크표

이 매뉴얼은 모든 개점 담당자 및 관련 부서가 동일한 기준으로 업무를 수행할 수 있도록 만든 통합 매뉴얼입니다.
매장 오픈 업무는 일관된 기준과 누락 없는 점검에서 비롯되며, 이 문서는 그 기준을 문서화한 것입니다.
프랜차이즈 본사 실무자는 반드시 본 매뉴얼을 준수하여 원활한 오픈진행과 가맹본사의 신뢰도를 함께 관리해야 합니다.

1-2

개점 진행

소개

프랜차이즈 가맹본사의 개점담당자가 인수인계 이후 본격적인 개점을 준비하며 수행해야 할 모든 실무 절차를 상세히 정리한 운영 매뉴얼입니다. 발주, 인허가, 공사진행, 입고체크, 운영계획서 작성 등 총 5개 핵심 영역으로 구분되며, 각 단계마다 체크리스트로 활용할 수 있도록 구성되어 있습니다. 해당 매뉴얼은 가맹점주 응대, 본사 협력업체와의 발주, 공사 현장 관리, 초기 운영 계획 수립까지 실무자가 반드시 이행해야 할 세부사항을 빠짐없이 기록하였습니다.

1. 발주 체크

1) 인수인계가 완료되면 개점담당자는 즉시 발주계획을 수립하고, '발주체크표'에 따라 아래 항목들을 확인합니다.

2) 본사 식자재: 물류센터를 통해 출고되는 전 식자재 품목을 조정 후 발주함. 발주는 가맹점 예상 매출을 기준으로 조정
3) 인쇄물: 인쇄업체에 발주(전단지, 리플렛, Y-배너, 자석스티커, 명함 등). 인수인계 진행 시 가맹점주 별도 요청사항이 있을 경우 추가 발주 진행
4) 판촉물: 판촉물 업체에 텀블러 및 머그컵 200개 기준 발주
5) POS: 포스업체에 1세트(포스1 + 주방프린터1) 기본 구성, 설치 일정은 카운터 입고 및 전화/인터넷 설치 이후 결정
6) 기타: 음료 냉장고, 추가 발주품목 등
7) 발주서 수신 확인 및 사본 보관 필수

2. 인허가 관리

1) 개점담당자는 인수인계 당시 설명한 바에 따라 가맹점주의 위생 교육 수료 및 보건증 발급을 상시 체크합니다.
2) 보건증: 가맹점주 및 매장 근무자 전원이 발급 필요, 인근 보건소에서 7일 내 발급 가능
3) 위생교육 필증: 온라인 외식업중앙회 교육 수료 후 발급. 영업신고의 선행 조건임
4) 영업신고증: 시설기준을 충족해야 관할 구청에 신고 가능, 1종/2종 근린생활용도 여부 확인 필수. 지위승계 시 양도양수 서류 필요
5) 사업자등록증: 세무서에서 발급. 영업신고증 원본, 임대차계약서

사본, 주민등록등본 등 필요
- 카드승인: 일반적으로 포스사에서 대행. 사업자등록증, 통장 사본, 신분증 사본 등을 전달
- 세금계산서 발급용 사업자등록증 사본: 본사 및 물류센터에 별도 전달 필요

3. 공사진행 관리

1) 개점담당자는 인테리어 시공 시작일부터 준공까지 전 공정에 대한 관리와 점검을 실시해야 합니다.
2) 각 공정별 확인사항은 아래와 같습니다:
   - 목공사: 도면과 일치 여부, 붙박이 의자, 카운터, 수납공간 확인
   - 설비: 상하수도관 동선, 트렌치 또는 그리스트랩 설치 여부
   - 타일: 색상, 파손 여부, 마감상태 확인
   - 전기: 콘센트 수량, 배전판 위치, 설비 전력 연결 상태
   - 전화/인터넷: 통신사 선정 후 신청, 전화번호는 브랜드 번호 지정 후 안내
   - 정수기: 렌탈업체 지정, 주방 내 조리수 연결 배관 추가 진행
   - 가스: 주방 가스설비 입고(오전)일에 맞춰 설치(오후)
   - 도배/도장: 색상/재질, 시공상태 및 몰딩 상태 확인
   - 닥트: 배기 방향 및 소음이 주변 매장에 피해 없도록 설계
   - 간판: 시안 확인, 간판업체 감리 확인 필수

- 준공: 유리시공, 의탁자 입고 후 준공청소 및 폐자재 처리, 전체 확인 후 인테리어 시공확인서 수령

4. 입고 체크

1) 입고된 전 품목에 대해 가맹점주와 함께 검수하며, '입고확인서'를 필수 작성합니다.
2) 본사 식자재: 물류센터 냉장차로 입고. 발주서 및 거래명세표 대조
3) 인쇄물/판촉물: 택배 입고. 시안, 매장명, 전화번호 등 확인
4) POS: 설치 후 메뉴, 금액, 좌석 배치, 카드 결제 등 정상 사용 여부 점검
5) 주방설비/집기: 간택기, 냉장고, 작업대 등 정상 사용 및 배치 확인
6) 가맹점주 구매 품목: 사입 식자재, 매장 청소도구 및 비품 등 확인
7) 품목 입고 전 가맹계약 개설비 입금 여부 확인 후 진행(* 미입금 시 물류입고 보류)

5. 운영계획서 작성

1) 개점담당자는 최종 개점 준비 단계에서 매장의 입지, 상권, 경쟁업체, 유동인구, 배달 가능 여부 등을 종합 분석한 운영계획서를 작성합니다.
2) 운영계획서는 팀장 또는 본부장에게 보고 및 결재를 득해야 하며, 가맹점주에게 전달되어 향후 매장 운영 방향에 대해 공유되어야

합니다.

3) 운영계획서에는 초기 마케팅 방향, 예상 일매출, 인력 구성, 사입품 리스트, 상권 특성별 운영 팁 등이 포함됩니다.

■ **별첨 양식**

① 발주체크표
② 각 품목별 발주서
③ 개점 완료보고서

이 매뉴얼은 인수인계 이후 실제 개점 전까지의 실무를 책임지는 개점담당자의 핵심 업무지침서로 활용되며, 매장 오픈 업무와 본사 시스템 일관성을 유지하는 데 반드시 필요한 관리 문서입니다. 모든 항목은 현장에서 즉시 적용 가능하도록 서술되었으며, 체크리스트와 함께 병행하여 실행하면 누락 없는 개점 진행이 가능합니다.

1-3

오픈 진행

소개

프랜차이즈 가맹본사의 개점담당자가 점포의 가오픈부터 그랜드 오픈, 오픈 이벤트, 개점완료보고에 이르기까지 전 과정을 책임지고 수행할 수 있도록 정리한 실무 매뉴얼입니다.
매장 운영 적응도 진단, 고객응대 피드백, POP 점검, 시식 행사 등 오픈 당일과 전후의 활동을 체계적으로 수행할 수 있도록 구성하였으며, 모든 항목은 실무 흐름에 맞춰 작성되었습니다.

1. 가오픈 진행

1) 담당자는 가오픈을 통해 매장 운영상의 문제점을 실제 상황에서 진단합니다.
2) 가맹점주의 조리 숙련도, 주방-홀 커뮤니케이션, 고객 응대능력

등을 관찰하여 보완점을 확인합니다.
3) 운영상의 문제는 즉시 재교육으로 개선하며, 문제사항 시정 후 정식 오픈 준비를 완료합니다.

2. 오픈 전 체크

* 오픈 당일 이전에 모든 항목의 미비점을 점검하고, 최종 상태로 준비되었는지를 확인합니다.
각 항목은 다음과 같습니다:
1) 시식행사: 개업떡과 시식 식재료 준비 여부, 시식 장소/시간 설정 안내
2) 환전 준비: 신권 위주의 거스름돈 20만 원 준비
3) 가맹점 정보 등록: 가맹점 신규등록(홈페이지, 네이버, 배달앱 등)
4) 복장 체크: 유니폼, 앞치마, 조리모 착용 여부 확인
5) POP 부착 상태: 메뉴POP, 이벤트POP, 원산지표시POP 등의 위치와 부착 상태 확인
6) 가맹점주 마인드 점검: 접객서비스 점검 및 개선 피드백

3. 오픈 이벤트

1) 개업떡 배포: 점포를 기준으로 동일 건물, 좌측 우측 건너편 건물 순으로 배포
2) 시식행사: 시식용 메뉴 조리 후 고객 시식 행사 진행

4. 오픈 운영

* 오픈 당일 운영 시 발생 가능한 문제점은 즉시 조치하며, 가맹점주에게 피드백을 제공합니다.

운영 주요 항목은 다음과 같습니다:

1) 텀블러, 머그컵 등 오픈 판촉물 증정: 구매 고객 전원 대상 지급, 인근 상권 홍보물과 함께 배포.
2) 개업떡 증정: 인근 상권 및 방문 고객에게 아침 시간대(9: 30~10: 30)에 제공.
3) 개점담당자의 오픈일 3일간 현장 지원 원칙 진행.
4) 직원 교육, 운영 피드백, 고객 응대 지도 등으로 문제발생률 최소화.

5. 개점완료보고

1) 오픈 이후 모든 개점 진행 사항은 개점완료보고서에 상세히 기록합니다.
2) 개점담당자는 아래 사항을 포함하여 팀장 또는 본부장에게 보고 후 업무를 종료합니다:
   - 가맹점 파일 정리: 견적서, 거래명세표, 지출내역 정리 및 경리팀 전달.
   - 프차프로 개설보고서 작성 및 업로드.
   - 문제점 및 개선사항 보고서 작성: 추후 프로세스 개선안 도출.

■ 별첨 양식

1. 개점 완료 보고서

이 매뉴얼은 프랜차이즈 개점 업무의 마지막 단계인 오픈 시기를 안전하고 체계적으로 운영하기 위한 실무 지침서입니다.

가맹점주의 초기 매장 운영 안정화뿐 아니라 고객 경험 품질 유지, 본사 브랜드 이미지 향상까지 연결되는 중요 단계이며, 반드시 모든 점검을 이행하고 문서로 보고 후 마무리되어야 합니다.

2장

가맹점 교육 운영

2-1

교육일정 조율

소개

가맹본사 교육 담당자가 가맹점 오픈 전후에 실행해야 할 교육 일정을 효율적으로 조율하고, 실제 교육 현장에서 필요한 자료를 사전 준비하여 가맹점주의 안정적이고 체계적인 학습을 도울 수 있도록 구성된 교육 운영 지침서입니다.
교육 일정 협의부터 실습일지 관리, 교육 자료 제공까지 실무자의 관점에서 빠짐없이 실행해야 할 내용을 담고 있습니다.

■ 별첨 양식 목록(교육 관련)

① 운영 매뉴얼
② 메뉴 조리 매뉴얼

③ 식사류 9종 레시피

④ 면류 3종 레시피

⑤ 신메뉴 3종 레시피

⑥ 계절 메뉴 레시피

⑦ 소스류 레시피

⑧ 전처리 레시피

⑨ 메뉴 설명서

⑩ 메뉴 효능, 효과

⑪ 원산지 표시제

⑫ 앱 주문 물류품목리스트

⑬ 앱 주문 관리

⑭ 앱 주문 물류 프로세스

⑮ 모바일쿠폰 및 기프티콘 안내

⑯ 배달 관련 매뉴얼

⑰ 배달의 민족, 쿠팡이츠, 요기요 무료가입 안내

⑱ 네이버 플레이스 등록 안내

📌 목적: 가맹교육 시작 전 개점담당자와의 교육 일정을 사전 협의하고, 교육 진행 시 발생할 수 있는 특이사항을 확인하여 문제없이 교육이 이루어질 수 있도록 하는 것이 목적입니다.

▣ 교육 준비 절차

1. 프차프로 협조문 등록 확인

1) 프차프로 업무협조문란에 등록된 해당 가맹점의 신청 정보(참석자 수, 교육 시작일 등)를 사전에 확인합니다.
2) 교육 요청 일자가 정확한지 확인하고, 가맹점교육이 가능한 날짜인지 일정 조율을 시작합니다.

2. 교육일정 협의

1) 교육 담당자는 개점 담당자와 직접 협의하여 교육 일정을 확정합니다.
   - 기본 교육 일정: 주 5일(월~금), 오전 10:00 ~ 오후 18:30
   - 스케줄 조정이 필요한 경우 반드시 팀장 또는 본부장 보고 후 변경 가능
2) 1개 가맹점 기본 교육 인원은 2인 기준(가맹점주 + 주방실장)

3. 가맹점주 신상정보 확인

1) 교육 담당자는 가맹점주와 연락하여 인적사항, 교육 관련 요청사항, 기타 특이사항 등을 사전 파악합니다.
2) 교육자료 및 실습일지 전달과 관련된 일정도 함께 안내합니다.

2-2

교육자료 준비

📌 목적: 교육 담당자는 가맹교육 시작 전, 교육 과정에 필요한 모든 교육자료를 사전에 준비하여 교육 일정에 차질이 없도록 합니다.

▣ 교육자료 사전 준비 항목

1. 기본 자료 준비

1) 가맹교육 기본자료 및 교육 부교재를 2인 기준으로 출력 및 정리합니다.
2) 운영 매뉴얼, 조리 매뉴얼, 메뉴별 레시피, 메뉴의 효능, 원산지 표시제 등 항목별로 정리

2. 실습일지 관리

1) 실습일지 1부는 가맹점주에게 전달하여 교육 기간 동안 매일 작성하도록 안내합니다.
2) 실습일지는 조리 실습 여부, 교육 습득도, 건의사항 등을 작성하는 용도로 활용되며, 교육 종료 시 반드시 회수합니다.
3) 실습일지는 교육 담당자가 매일 체크하며, 가맹점주의 학습 수준을 평가하는 기준으로 활용합니다.

3. 보조자료 및 특이사항 대응

1) 부교재 외 기타 요청 자료(배달 매뉴얼, 네이버 플레이스 등록 안내, 배달앱 연동 안내 등)를 요청 시 별도로 준비합니다.
2) 특이사항 발생 시 팀장 또는 본부장과 협의하여 조치합니다.

2-3

교육 진행

▣ 교육 전체 일정

1. 교육 전 점검
- 교육 담당자는 교육 시작 3일 전, 교육 참여 여부를 확인하는 유선전화를 실시하고 정해진 교육 일정표를 가맹점주에게 전달합니다.
- 세무법인 담당자에게도 유선 통보하여 교육 일정을 조율합니다.

2. 이론교육(총 2일, 14시간)
- 교육실에서 이론 교육을 진행하며, 브랜드 시스템, 매장 운영, 법률, 마케팅, 인력관리, POS, 서비스 이론 등 전반적인 운영 매뉴얼 중심의 교육을 실시합니다.

3. 실습교육(총 3일, 24시간)

- 매장에서 진행되는 실습 교육으로, 조리 및 운영 실습이 중심이며, 교육 담당자는 매일 실습일지를 확인하고 가맹점주의 교육 이해도와 습득도를 파악하여 관리합니다.

2-4

교육 전 점검

1) 교육 담당자는 가맹점주에게 교육 시작 3일 전 금요일에 교육 참여 여부를 확인합니다.
2) 참석 인원 수, 복장, 사전 준비물 및 일정 재공지.
3) 교육 전 운영매뉴얼, 조리매뉴얼 등 교육 자료를 인수인계 시 함께 전달.

2-5

이론교육 진행 상세

■ 이론교육 개요

- 프랜차이즈 시스템 이해, 법률 및 인허가, 매장 운영, 브랜드 개요, FC 구조, 세무 교육, 조리개념 이해, 서비스 이론, 마케팅 전략 등 포함

■ 이론 교육 세부 항목

① 교육 담당자 소개 및 일정 안내
② 브랜드 소개 및 BI 설명
③ 프랜차이즈 시스템 구조 및 정책 이해
④ 세무교육 - 매장재고관리, 인허가 서류 준비 등

⑤ 기본 조리 매뉴얼 설명 - 메뉴 조리법, 소스 기준, 기타 식사류 메뉴
⑥ 매장 활성화 및 마케팅 전략 교육
⑦ POS 시스템 실습 중심 교육
⑧ 서비스 이론 교육 - 고객응대 매뉴얼, 불만고객 응대
⑨ 서비스 실전 교육 - 롤플레잉 중심
⑩ 교육 마무리 및 평가 - 태도 및 참여도 보고

이론 교육 마무리

- 모든 이론 교육 종료 후 교육 태도 및 특이사항 팀장 또는 본부장 보고

이 교육 매뉴얼은 가맹본사 내 교육 담당자가 가맹점 운영의 기초부터 실전까지 단계별로 책임지고 교육할 수 있도록 설계되어 있으며, 일관된 교육 품질을 유지하기 위해 체크리스트 및 실습 일지와 함께 사용됩니다.

2-6

교육 평가

📌 목적: 가맹점주가 교육을 통해 본사 표준 메뉴 및 운영 체계를 충분히 숙지하고 있는지를 실무 중심으로 점검하며, 교육의 마무리를 객관적이고 체계적으로 진행하기 위함이다. 평가 과정은 실습 기반 테스트와 이론 테스트로 구성되며, 가맹점주의 숙련도를 정량적으로 파악하여 이후 오픈 준비에 참고 자료로 활용된다.

▣ 테스트 사전준비

1. 교육 담당자는 테스트 전 테스트 메뉴를 지정한다. (보통 4종류: 밥, 해물류, 야채류 등 포함)
2. 해당 메뉴에 필요한 식자재를 사전에 준비한다.

3. 테스트 장소는 가맹본사 조리실로 지정한다.
4. 테스트에 필요한 조리도구, 식자재, 전처리 품목 등 모든 준비사항을 체크한다.

■ 테스트 진행

1. 테스트는 가맹교육 5일차에 가맹본사 조리실에서 실시한다.
2. 실습평가표 기준으로 조리테스트 내용을 작성한다.
3. 테스트 방식은 두 가지로 구분된다:
    - 방식 1: 가맹점주와 주방실장이 각각 2종 메뉴를 조리하여 10분 내 레시피 및 시간 준수 여부 확인.
    - 방식 2: 가맹점주가 혼자 4종 메뉴를 15분 내에 완성.
    조리시간은 타이머를 이용하여 측정한다.
    조리 완료 후, 담당자와 가맹점주가 함께 시식하고 조리 과정 및 결과에 대해 피드백을 진행한다.

■ 교육 마감

① 테스트 종료 후, 가맹점주의 테스트 결과를 정리하고 팀장 또는 본부장에게 사전 보고한다.
② 테스트 중 특이사항이나 미흡한 점을 중심으로 지도하며, 문서화

하여 개점 담당자에게 전달한다.
③ 향후 현장에서 피드백이 이어질 수 있도록 가이드를 제공한다.

▣ 교육 완료

① 전체 교육 내용을 종합적으로 평가한다.
② 조리실습 및 이론 테스트를 통해 가맹점주의 이수율을 채점하고, 70점 이상이면 교육 통과로 인정한다.
③ 교육 통과 시 3일 이내에 교육 결과 보고서를 작성해 팀장 또는 본부장 보고.
④ 불합격 시 재평가를 안내하고, 팀장 또는 본부장 및 가맹점주에게 고지.
⑤ 재평가는 1주일 이내 재실시하며 이론평가로 제한한다.

▣ 교육 평가

① 이론교육 중 발생한 가맹점주의 질문 및 오류사항을 기록하여 팀장 또는 본부장에게 보고.
② 교육평가 보고서에 문제점을 정리하고, 다음 교육에서 개선되도록 반영한다.

■ 별첨양식

- 최종실습평가표
- 교육결과 보고서
- 이론평가지

2-7

매뉴얼 관리

📌 목적: 가맹점에 전달되는 모든 매뉴얼(조리, 운영, 서비스 등)은 가맹점 운영의 기준이며, 변경 시점에 따라 실시간 업데이트가 필요하다.
각 매뉴얼의 관리 방식, 업그레이드 절차, 담당자의 역할을 명확히 정의한다.

조리매뉴얼

① 메뉴 개발, 판매 변화, 판매가 인상 등 조리에 관련된 사항은 조리매뉴얼에 반영한다.
② 변경사항은 즉시 업데이트하여 교육 및 오픈 매장에 반영한다.
③ 시각 자료(사진, 영상 등)는 매뉴얼에 포함시키고, 교육 시 적극

활용한다.

■ 운영매뉴얼

① 매주 금요일 오전 회의에서 운영매뉴얼의 수정 필요 여부를 논의한다.
② 본사 정책 또는 가맹사업법의 변화는 신속히 반영한다.
③ 매뉴얼 수정 시 관련 전문서적 참고 및 실제 직영점 사례를 데이터화하여 매장운영에 반영한다.

■ 서비스매뉴얼

① 서비스 매뉴얼은 고객 응대 품질과 관련된 모든 사례를 정리한 문서로, 각 분기별로 보완한다.
② 홈페이지 클레임사례, 전문서적을 통해 수집한 자료를 요약해 프차프로에 등록하고 공유한다.
③ 수집된 내용은 매뉴얼에 반영해 가맹점주 및 매장 직원 교육 시 활용한다.

◧ 매뉴얼 업그레이드 보고 및 관리

① 교육 담당자는 매뉴얼 업그레이드 내용을 매월 말 팀장 또는 본부장에게 보고한다.
② 본부장의 피드백은 다음 달 초 매뉴얼 수정에 반영한다.
③ 모든 수정 사항은 프차프로 매뉴얼 게시판에 등록한다.

◧ 별첨양식

- 조리매뉴얼
- 운영매뉴얼
- 가맹점주 전달용 부착시트

3장

가맹점 운영관리 통합

3-1

매장방문

📌 목적: 가맹점 운영의 일관성과 품질 유지를 위해 담당 SV가 정기적인 매장 방문을 통해 현장 점검 및 상담을 수행한다.
이를 통해 점검 사항을 기록하고, 본사 정책 전달 및 개선사항 피드백을 체계적으로 실행한다.

■ 세부사항

① 매월 마지막 주 금요일 이전까지 익월 매장 순회 계획표를 작성하고 해당 월의 중점 진행 목표를 설정하여 월 1회 정기 방문 실시한다. 정기방문은 목적방문을 겸해 효율적으로 운영하며, 지방 매장의 경우 가맹점주 요청사항을 사전에 확인한다.
② 방문 시 체크리스트를 활용하여 매장을 점검하며, 프차프로의 가

맹점일지를 참고해 현황을 파악한 후 점검한다. 방문 후 D+1일까지 프차프로에 체크리스트를 업로드하고, 가맹점주 확인 서명을 받는다.

③ 점검 중 발견된 미비사항 및 오류사항은 D+1일 오전까지 유선통화로 해결하고, 시간 소요되는 항목은 프차프로 일지에 상세히 기록한다.

④ 본사 정책 및 물류 관련 공지를 방문 시 전달하고, 가맹점주의 확인 서명을 받는다. 물류 클레임이 발생할 경우 샘플 수거, 유통기한 확인, 사진 확보 등 증거를 수집해 프차프로 물류클레임란에 등록한다.

⑤ 클레임 내용은 MD팀으로 전달되며, 품목 및 발생 일시, 업체 피드백 등을 포함한 개선 피드백을 작성한다.

📎 별첨양식: 매장순회계획표, 가맹점 점검 체크리스트

3-2

재계약

📌 목적: 계약 만료 예정 가맹점과의 원활한 재계약을 통해 지속적인 사업 유지를 도모하고, 재계약 과정에서 발생할 수 있는 미수금 및 정책 이행 여부를 점검한다.

▪ 세부사항

① 매달 첫 번째 월요일, SV는 프차프로 일지에 재계약 예정 매장을 확인하고 방문 계획에 반영한다.
② 계약 종료일로부터 90~180일 전에 계약종료통지서와 내용증명 서류를 작성해 팀장 또는 본부장 결재 후 발송한다.
③ 계약종료통지서는 3부 작성하여(본사/가맹점/우체국 보관용) 경리부서를 통해 내용증명으로 발송한다.

④ 재계약 정책 반영 여부(POS, 간판 변경 등) 및 특이사항은 전 가맹계약서와 가맹점 파일을 통해 사전 파악한다.
⑤ 팀장 또는 본부장 승인 후 매장을 방문하여 재계약서를 작성하며, 입금방식(계좌이체, 카드 결제 등)을 가맹점주와 협의한다.
⑥ 재계약일자는 프차프로에 갱신하고, 경리부 제출용 문서를 작성해 팀장 또는 본부장 보고 후 경리부에 전달한다.
⑦ 입금이 지연될 경우 SV는 유선 통화 및 방문을 통해 입금을 권고하며, 3일 이상 지연 시 경고 조치를 취한다.
⑧ 1개월 이상 미입금 시 3차에 걸쳐 내용증명서를 팀장 또는 본부장 보고 후 발송한다.
⑨ 내용증명 발송 이후 일주일이 지나도 입금되지 않을 경우, 물류중단(가맹점운영권제한)을 통보하며 물류센터에 해당 가맹점의 물류중단 조치를 요청한다.

📎 별첨양식: 재계약 공지 발송폼, 경리부 제출용 재계약서식, 재계약 미수 내용증명

3-3

폐점관리

📌 목적: 폐점을 희망하는 가맹점에 대해 정산 및 계약이행보증금 반환 절차를 체계적으로 수행하여 폐점에 따른 마찰을 줄이고, 매장 정리 과정에서 발생할 수 있는 문제를 최소화한다.

■ 세부사항

① 폐점 요청 접수 시, 가맹점주와 직접 통화하여 운영 종료 시점을 확인하고 폐점확약서 작성 일정을 안내한다.
② 물류, 포스, 본부 및 협력업체 미수금 및 계약이행보증금 유무를 계약서와 프차프로를 통해 확인하고, 협력업체 담당자에게 유선 확인을 진행한다.
③ 미수금은 가맹점주와 협의하여 입금 일정을 확정하며, 입금 완료

여부를 협력업체와 본사 양측이 확인한다.

④ 보증금 반환을 위한 품의서를 프차프로에 등록하고, 경리부 협조 하에 반환 절차를 진행한다.

⑤ 폐점확약서는 팀장 또는 본부장 보고 및 승인 후 가맹점주와 현장에서 작성한다.

⑥ 프차프로 가맹점리스트에서 폐점으로 변경하고, 관련 계약서 및 문서를 정리한다.

⑦ 폐점 보고서를 작성하여 팀장 또는 본부장에게 보고하며, 사유 및 처리 내역을 기록해 물류 및 포스 업체에 폐점 통보한다.

📎 별첨양식: 폐점확약서, 폐점보고서

3-4

물류단속

📌 목적: 물류 사용 이탈을 사전에 방지하고, 전 가맹점의 필수 품목 사용을 유지함으로써 본사와 가맹점 간의 계약 이행 및 브랜드 품질 유지를 달성한다.

■ 세부사항

① 매월 말일, 중앙포스사용 특수상권 매장은 매출 대비 20~25%(본사기준작성) 사용 기준으로 물류사용량을 점검한다.
② 가맹점의 월별 발주누락 품목을 확인하며 3개월 이상 발주가 없는 품목 여부도 점검한다.
③ 매주 월요일 물류 미사용 매장을 선별하여 유선통화 및 필요시 방문 조치를 실시한다.

④ 매장 방문 시 미사용 품목을 항목별로 분석하고 가맹점주에게 상황을 설명하며 개선을 유도한다.
⑤ 미사용 사유 파악 후 타 매장 비교 및 클레임 여부를 확인하고 위반 시 페널티 부과 및 운영 제한을 고지한다.
⑥ 본사 물류 필수품목 사용확약서를 가맹점주와 함께 작성한다.
⑦ 1개월 후 재점검을 통해 경고 사항 준수 여부를 확인한다.
⑧ 한 달 간격으로 내용증명을 3회 발송 후에도 불이행 시 팀장 또는 본부장 보고 후 물류 중단 조치(가맹점 운영권 제한)를 시행한다.

📎 별첨양식: 본사물류 사용확약서, 물류 미사용 내용증명

3-5

정책 시행

📌 목적: 가맹본사 정책의 일관된 시행을 통해 브랜드 품질과 가맹점 운영 기준을 유지하고, 정책 미이행 시 체계적인 조치로 가맹점 관리의 신뢰도를 확보한다.

▣ 세부사항

① 본사 정책은 1차 프차프로 공지사항 기능을 사용하여 안내하는 것을 원칙으로 하며 공지사항 미확인 매장에 대하여 필요한 경우에는 유선통화 또는 문자(카톡)로 병행 안내한다.
② 정책 공지일로부터 1개월 경과 후 정책을 이행하지 않은 매장에 대해 유선통화 확인 후 미시행 매장 리스트를 작성한다. 설득에도 불구하고 시행하지 않을 경우 리스트화하여 추후 조치에 활용

한다.

③ 본사 정책을 이행하지 않은 매장은 타당한 사유서를 제출해야 하며, 담당 SV는 반드시 유선통화 또는 방문을 통해 사유를 청취하고 정책 미이행에 따른 문제점을 설명한다. 또한, 해당 가맹점에 대한 제재 가능성을 사전 고지한다.

④ 사유 없이 정책을 미이행할 경우, 한 달 간격으로 내용증명을 3회까지 발송한다. 내용에는 브랜드 통일성과 타 가맹점과의 형평성 차이에 따른 불이익 가능성을 명시하며, 가맹점 운영 제한 방침을 안내한다.

⑤ 3차 내용증명 발송 후에도 정책을 이행하지 않을 경우, 브랜드 이미지 훼손 및 타 가맹점 악영향 가능성을 감안하여 가맹점 운영권 제한 및 폐점 검토 등 강경 조치를 준비한다.

📎 별첨양식: 정책 미시행 리스트, 정책 내용증명서

3-6

양도양수

📌 목적: 가맹점의 안정적인 양도양수 절차를 통해 신규 가맹점주의 성공적인 운영 기반을 마련하고 본사 정책의 일관성을 유지한다.

■ 세부사항

① 양도자, 양수자, 본부 직원 간 3자 협의를 통해 양도양수계약서를 작성하며, 기존 가맹점운영에 문제 소지가 있는 매장은 사전 검토를 통해 양도양수 절차를 제한할 수 있다.
② 양도양수 계약에 앞서 양도양수에 발생되는 교육비 3,000,000원을 안내하고, 교육비 입금 및 로열티 발생분, 물류보증금 반환 등에 대해 사전 안내한다.

③ 입금은 가맹본사 경리팀과 협의하여 확인하며, 미입금 시 교육 일정이 지연됨을 양수자에게 공지하고 선입금을 진행한다.
④ 교육팀 및 기존 가맹점주와 협의하여 교육 일정을 조율하고, 최대한 신속히 매장 운영이 가능하도록 교육 스케줄을 확정한다.
⑤ 인허가 사항은 계약 전 확인하고, 미진행 사항에 대해 설명하여 가맹점주가 불이익 없이 준비할 수 있도록 한다.
⑥ 사업자등록증 변경 완료 후 관련 사항을 포스 및 물류 업체에 팩스로 발송하며 경리부 및 프차프로에도 즉시 반영한다.
⑦ 해당 매장의 프차프로 정보는 변경사항 반영 후 수정 내용까지 기록한다.

📎 별첨양식: 양도양수 계약서, 변경통보서, 인허가 변경내역 보고서

3-7

인쇄물 발주

📌 목적: 가맹점의 홍보 및 운영에 필요한 인쇄물을 원활히 제작 공급하여 브랜드 이미지 통일성과 업무 편의를 제공한다.

■ 세부사항

① 가맹점 요청 시 가맹본사 담당자가 유선으로 통화하여 요청 내용을 확인하고, 제작비용 및 시안 확인, 배송 일정 등을 상세히 안내한다.

② 가맹점주가 자체적으로 인쇄물을 제작할 경우, 본사 이미지 사용 약정서를 반드시 작성하도록 안내하며, 해당 약정서는 업체에 발송 후 확인한다.

③ 약정 완료 후, 요청된 이미지 파일을 전달하며 파일은 필요한 항

목만 선별하여 제공한다.

④ 시안은 이메일 또는 카톡으로 발송하고 가맹점주가 반드시 직접 확인하도록 하며 수정사항이 있을 경우 재확인 과정을 거친다.

⑤ 시안 확정 후 제작에 착수하며 배송 일정은 사전 안내하고 반드시 입금이 완료된 후 제작을 진행한다.

⑥ 프차프로 발주리스트에 해당 내역을 등록한다.

⑦ 경리부와 협조하여 인쇄물 대금이 입금되었는지 확인한 후 매장 배송을 진행한다.

📎 별첨양식: 인쇄업체 발주서

3-8

보증보험

📌 목적: 가맹점 계약 체결 시 발생할 수 있는 채무불이행 리스크를 최소화하고, 가맹본사의 권익 보호를 위해 보증보험을 의무화한다.

■ **세부사항**

① 최초 가맹계약서 작성 시, 보증보험 서류를 동시 작성한다. (예시: 1년 기준 97,250원/보증금액에 따라 다름)
② 신규 오픈 매장은 가맹점주가 가맹계약서를 지참하여 서울보증보험 본사를 직접 방문 후 작성 절차를 진행한다.
③ 일부 자필 기재 항목만 스캔하여 온라인으로 서울보증보험 홈페이지에서 전자서명 및 결제를 진행해도 무방하다.
④ 재계약 시에도 동일한 방식으로 보증보험을 갱신하여 누락이 없도록 한다.

3-9

모바일쿠폰 & 복지카드

📌 목적: 모바일 쿠폰 및 복지카드 결제에 대한 정산 체계를 정립하여 가맹점의 혼선 방지와 수익 투명성을 확보한다.

▣ 세부사항

① 국내 19개 온라인 쇼핑몰에서 판매 중인 모바일 쿠폰 관련 정보를 가맹점주가 숙지하도록 가맹본사에서 안내한다.
② 모바일쿠폰은 전월 1일~말일까지 결제 건을 기준으로, 익월 20일에 수수료 12%를 제하고 88% 금액이 입금된다. 복지카드는 고객 청구할인 5%, 카드사 수수료 7%를 합산하여 총 12% 차감 후 물류센터 대금에 포함하여 청구된다.
③ 판매 대행업체는 가맹점별 월 정산 내역을 가맹본사 담당자에게

송부하고, 해당 내역은 프차프로에 등록하여 관리한다.

④ 카카오톡 승인 내역은 매월 수수료 차감 후 입금 전 경리팀과 담당 SV를 통해 가맹점주에게 상세 피드백한다.

4장

재계약비 및 공증채권 관리

4-1

재계약비 관리

▣ 재계약비 입금계획 체크

　가맹점 재계약을 진행할 때, 각 담당자는 재계약서 작성 시 팀장 또는 본부장에게 재계약비(로열티) 입금 계획(선입금 또는 분할납부)을 전달하고 이상 유무를 반드시 확인한다. 확인 후 결제를 득한 다음 프차프로에 입금계획(선입금 또는 분할납부)에 따라 지정한다.

▣ 재계약비 입금 확인 및 연기 처리

　팀장 또는 본부장은 매주 월요일을 기준으로 프치프로를 통해 가맹점 입금 여부를 체크한다. 입금이 되지 않은 가맹점은 즉시 담당자에게 통보하고, 3일의 추가 입금 유예 기간을 안내한다. 만약 가맹점주가 연기를 요청할 경우, 담당자는 '재계약비(로얄티입금) 연기사유서'(별첨)를 작성하여 팀장 또는 본부장에게 제출해야 하며, 팀장 또는 본부장은 해당 사유의 타당성을 검토한 입금 연기 여부를 최종 결정한다. 연기된 경우에는 반드시 프차프로에 연기 사유를 기재한다.

▣ 미입금 매장에 대한 대응 절차

입금 기한 내 입금이 완료되지 않은 가맹점 경우, 담당자는 3일간의 유예기간이 경과한 후에도 미입금 상태가 지속되면, 곧바로 '내용증명'(물류중단 또는 채권추심 통보용)을 발송하고, 팀장은 내용증명을 즉시 별첨 서식에 따라 발송한 후, 그 내역을 프차프로에 기록합니다.

▣ 재계약 관리 보고

팀장은 매주 재계약 관련 업무 진행 사항을 개인 업무일지에 기재하여 보고하며, 매월 1회 이상 재계약 진행사항을 프차프로를 통하여 본부장에게 보고하고 확인 서명을 받아야 한다. 이 과정을 통해 재계약 관련 행정 절차가 일관되고 체계적으로 관리할 수 있다.

■ **별첨양식**

재계약비 입금 계획서

재계약비 연기사유서

내용증명 발송 양식

4-2

공증채권 관리

▣ 공증채권 체크 및 등록

신규 개설비 또는 발생한 채권에 대해 공증이 발생한 경우, 팀장은 해당 개점 담당자로부터 관련 내용을 보고받고, 이상 유무를 확인한 후 '공증채권 관리대장'(별첨 서식)에 해당 채권을 기입한다.

▣ 공증채권 입금 스케줄 확인 및 사전 공지

본부장은 매월 공증채권의 입금 스케줄을 확인하고, 해당 채권이 발생하면 담당자에게 통보한다. 담당자는 이를 가맹점주에게 사전 공지하여 입금이 원활히 진행될 수 있도록 안내한다.

▣ 공증채권 미입금 시 조치사항

공증채권이 입금되지 않은 경우, 팀장은 즉시 법적 절차를 개시하거나 재공증을 진행합니다. 단, 재공증 여부는 반드시 본부장과 상의 후 결정해야 하며, 공증채권에 대해서는 어떠한 사유로도 입금 유예가 허용되지 않습니다.

▣ 공증채권 관리 보고

팀장은 공증채권 관리 상황을 매월 1회 본부장에게 보고하며, 해당 관리대장에도 동일한 내역을 기입하고 본부장의 확인 서명을 받아야 한다. 이를 통해 공증채권에 대한 사후 관리가 체계적으로 이뤄지도록 한다.

▣ 별첨양식

공증채권 관리대장

이 매뉴얼은 본사 내부 실무자가 실제로 업무를 수행하는 과정에서 참고할 수 있도록 작성되었으며, 각 항목별 체크리스트와 보고 체계, 별첨 양식과 연계하여 실무 적용이 가능하도록 구성되어 있습니다.

매뉴얼 사용 시에는 각 항목별로 반드시 체크 및 기록을 남겨야 하며, 별첨 문서와 함께 관리대장을 일관되게 운영하는 것이 핵심입니다.

5장

상권 분쟁 보고 및 처리

5-1

상권분쟁보고서 작성 절차

▪ 가맹점 분쟁 접수 시 초동 조치

상권 분쟁이 발생하여 가맹점으로부터 접수될 경우, 즉시 프차프로 내 '분쟁 리스트'에 해당 매장을 등록한다.

▪ 상권분쟁 보고서 작성

상권분쟁 보고서는 사전에 지정된 양식에 따라 사실을 정확하고 충실히 기재해야 하며, 각 가맹점의 가맹계약서상 상권에 대한 특약 여부를 반드시 확인한다.

◼ 배달상권확약서 첨부 확인

분쟁이 발생한 모든 매장은 '배달상권확약서'를 함께 첨부해야 한다. 특히 재계약 시 누락되었거나, 재계약 이전에 분쟁이 발생한 매장인 경우에도 반드시 상권확약서를 추가로 수령하여 결과보고서와 함께 사본을 제출해야 한다.

◼ 분쟁조정신청서 접수

분쟁이 발생한 가맹점으로부터 공식적인 '분쟁조정신청서'를 수령하여, 이후 조정 및 처리 절차를 진행한다.

◼ 별첨양식

분쟁보고서
배달상권확약서
분쟁조정신청서

5-2

분쟁조정 및 처리

■ 담당자 의견 기재 및 내부 보고 절차

작성된 상권분쟁 보고서에는 반드시 담당자의 의견을 함께 기재하여야 하며, 이를 영업부 팀장과 본부장의 순서로 보고한다.

이때 분쟁의 유형을 명확히 구분하고 관련된 타 부서 담당자의 의견도 함께 확인하여 가맹점과 본사 양측의 과실 유무를 명확하게 분석한다. 이를 통해 동일 사례의 재발을 방지할 수 있는 방안을 미리 검토하고, 충분한 해결책을 동반한 보고가 이루어져야 한다.

■ 본부 의견 반영 후 최종 조정안 확정

본부장 및 영업부의 의견을 최종 반영하여 상권분쟁 조정을 진행한다. 가맹점 측의 입장도 반영하면서 가능하면 양측 모두의 피해를 최소화할 수 있는 방향으로 조율한다.

무리한 일방적 처벌은 지양하고, 감정적인 대응을 피하며, 향후 다른 매장에 부정적 선례가 되지 않도록 신중하게 처리한다.

◼ 별첨양식

상권분쟁 의견서(영업부, 본부장)

5-3

결과 보고 및 종결 절차

▪ 상권확약서 고지 내용 인지 확인

상권 확약서의 내용과 같이, 본사는 해당 가맹점의 상권을 독단적으로 보장하거나 확정할 수 없다는 점을 가맹점주가 충분히 인지하도록 설명한다.

▪ 본부 의견 공식 전달

상권분쟁 의견서를 참조하여, 가맹본사의 입장을 분명하고 공식적으로 전달한다. 이를 통해 향후 동일한 논쟁이 반복되지 않도록 예방한다.

◼ 조정 실패 시 통지

가맹점 간의 지속적인 의견 충돌로 상권 분쟁 조정이 실패할 경우, 본부는 '조정종결통지서'를 작성하여 내용증명 방식으로 발송한다.

◼ 분쟁결과보고서 작성 및 결재

최종 결과를 정리하여 '분쟁결과보고서'를 작성하고, 결재 라인(팀장 보고 후 본부장)에 따라 보고를 완료한다.

◼ 프차프로 및 가맹점 파일 정리

최초 분쟁 리스트에 등록된 해당 가맹점의 파일에 모든 보고서 및 결과 자료를 정리하여 파일에 저장한다.

◼ 별첨양식

분쟁결과보고서
(첨부: 분쟁보고서, 상권확약서, 분쟁조정신청서, 상권분쟁 의견서, 조정종결통지서)
분쟁조정종결통지서

이 매뉴얼은 본사 영업 및 운영팀이 상권 분쟁 상황에 직면했을 때 일관되고 공정한 절차에 따라 처리할 수 있도록 고안되었습니다.

각 단계별로 반드시 관련 서식을 확보하고, 정해진 보고체계를 따라야 하며, 모든 기록은 프차프로와 오프라인 파일링을 병행하여 보관해야 합니다.

6장

매출 활성화
매장 운영

6-1

중점관리매장 선정 기준

▣ 대상 매장 선정 조건

가맹점 오픈 이후 일정 기간 운영을 진행했음에도 손익분기점을 넘기지 못하고 있는 가맹점을 중심으로, 가맹점주와 사전 미팅을 거친 뒤 선정 진행.

선정 시, 장기적으로 상권 형성 가능성이 낮거나 입점 후 수익성이 현저히 저조한 매장 가운데, 초기 투자 비용 대비 감가상각을 제외한 순매출과 이익률 지표에서 어려움을 겪는 매장을 우선적으로 고려한다.

▣ 일정 관리

매월 마지막 주(월~금)를 기준으로 각 담당자가 선정된 매장을 직접 방문하여 정기적인 점검과 상담을 실시하며, 내부 스케줄 누락이 발생하지 않도록 사전 조율한다.

■ 우선 대상 매장 기준

본사 물류 사용량은 높으나 매출은 저조하고, 본사 정책에 대한 협조 의사가 높은 매장을 우선 선정한다.

이러한 매장은 매출 개선 작업을 기획하여 향후 우수 매장으로 재지정되며, 금전적 보상이나 포상 등의 혜택을 받을 수 있도록 한다.

6-2

활성화보고서 작성

■ 원인 진단 및 상권 분석

상권 분석 및 가맹점주와의 상담을 통해 매출 부진의 주요 원인을 면밀히 파악한다.

- 배달 운영 유무 및 최대 상권 커버리지 파악.
- 점포 위치, 인근 경쟁 매장, 고객 특성 등의 분석.
- 가맹점주의 운영방식, 장단점, 고객 변동 요인 분석 등을 포함해 향후 매출 예측 추세선을 설정한다.

▣ 현실에 맞는 개선안 수립

　매장 특성과 가맹점주의 상황을 고려해 투자 여력과 실행 가능성을 중심으로 매출 개선 방안을 제시한다.
　특히, 운영 의지가 낮거나 자금 여력이 부족한 매장일수록 부담을 줄이는 방식으로 접근한다.

▣ 실행 예산 및 기안 등록

　매장 활성화를 위해 금전이 소요되는 경우에는 프차프로에 기안서를 등록하고, 실행 방안에 대한 보고서를 작성하여 결재를 득한다.

　실행 책임자는 해당 SV의 스케줄을 반영하여 구체적인 방식과 예산 및 지원 요청 내용을 반드시 문서로 작성한다.

6-3

프로모션 시행

▣ 본사 정책 연계 프로모션 운영

가맹본사에서 시기별로 시행하는 프로모션을 연계하여 최대 효율을 도출할 수 있도록 집중 운영한다.

- 지역 특성에 맞는 체험·시식·이벤트 진행.
- 업종과 연계할 수 있는 인근 시설, 기관, 단체와의 협업을 통해 장기적인 홍보 효과 확보.
  (예: 죽 전문점은 병·의원, 키즈 카페는 어린이집·학원, 카페는 독서 모임·스터디 공간 등).
- 관련 팜플렛 비치 및 제안서 활용을 통해 실제 고객 유입 유도.
- 온라인 마케팅 지원(네이버, sns, 당근 등).

6-4

결과 보고

▪ 매출개선 효과 분석 및 보고

기안에 의해 진행된 매출 활성화 작업의 결과를 면밀히 분석하여 효과가 있었던 요인과 실패 원인을 정리한다.

- 성과 보고서는 단순 수치뿐 아니라 현장 피드백과 가맹점주의 반응까지 포함.
- 추후 유사 매장에 대한 매출 개선 전략 수립 시 참고 자료로 활용.

▪ 별첨양식

매출활성화 결과보고서

이 매뉴얼은 실질적인 매출 부진 매장에 대해 선별 → 진단 → 실행 → 평가의 전 과정을 일관된 기준으로 관리하고 기록하는 것을 목적으로 하며, 각 단계별로 명확한 책임 주체와 문서 양식, 실행 절차를 통해 가맹본사의 체계적인 지원과 성과 도출을 유도하는 시스템입니다.

7장

우수가맹점 선정

7-1

우수가맹점 선정 매뉴얼

◼ 우수가맹점 선정 개요

　우수가맹점 선정은 매년 1회, 본사 공청회 이전에 사전심사 및 평가 절차를 통해 진행한다.

　행사 시작 전, 관련 일정 및 절차에 대한 사전 공문을 전 가맹점에 발송한 뒤, 본사 물류 사용량이 높고 본사 정책에 우호적인 매장을 중심으로 후보 매장을 선정한다.

　1차 심사는 담당 SV의 추천과 가맹점주의 직접 신청을 기준으로 접수된 매장을 대상으로 진행한다.

◼ 현장 심사 기준 및 절차

1차 심사를 통과한 매장에 대해서는, 해당 지역의 담당자가 아닌 타 지역 담당자들이 직접 방문하여 공정한 평가를 진행한다.

현장 평가 시 주요 항목은 아래와 같다.

- 매장 내외부의 청결 상태.
- 고객 응대 능력.
- 가맹점주의 운영 역량.
- 자체적으로 시행 중인 매장 활성화 활동.

이러한 항목들은 사전에 정해진 체크리스트에 따라 점검되며, 가맹점주와의 질의응답도 병행하여 종합적으로 평가한다.

◼ 예외 및 배제 기준

매장 운영 역량이 뛰어나고 본사 정책에 협조적인 경우라 하더라도, **본부에서 지정하지 않은 메뉴(별도메뉴)를 판매하고 있는 매장은 우수가맹점 선정 대상에서 강력히 제외한다.**

브랜드 일관성 유지와 시스템 신뢰를 위한 조치로, 예외 없이 적용한다.

▪ 공청회 시 포상 및 발표

공청회 당일, 선정된 우수가맹점은 전 가맹점 앞에서 공개적으로 발표되며 포상을 수여한다.

최우수매장(1곳)
상패 수여
해외여행 지원
해외여행 일정 가맹본사 인력의 단기 매장 업무 지원 제공

우수가맹점(5곳)
상패 수여
일정 금액의 포상금 지급

이러한 시상은 가맹점주들에게 실질적인 동기를 부여하고, 브랜드 충성도를 높이는 핵심 전략으로 활용.
공청회는 단순한 시상이 아닌, 우수가맹점의 성과를 브랜드 내 주요 사례로 공유하고, 이를 이슈화하여 전체 가맹점의 사기 진작과 운영 품질 향상으로 이어지도록 설계.

본 매뉴얼은 우수가맹점 선정을 통해 건강한 본사-가맹점 관계를 강

화하고, 운영 품질의 표준을 확산시키기 위한 핵심 운영 지침입니다.

모든 평가와 포상은 투명하고 공정한 기준에 따라 진행되어야 하며, 체크리스트 및 질의응답 기록은 추후 평가 자료로 보관됩니다.

— 8장 —

상품 구매 및 클레임 대응

8-1

구매 절차

■ 구매업체 섭외

상품개발계획에 따라 필요한 품목이 발생한 경우, 상품개발담당자는 물류센터 구매담당자에게 메일을 발송하여 업체 및 샘플을 요청한다.
→ 요청 시 반드시 구매일지 작성을 의뢰.

■ 샘플 테스트

물류센터 구매 담당자는 상품개발 담당자에게 사전에 선정된 업체 정보(업체명, 담당자, 연락처, 주소, 상품 견적서 등)를 프차프로를 통해 공유하고 보관한다.
협력업체 및 물류센터를 통해 가맹본사로 도착한 샘플은 1차 테스트 완료 이후 다시 물류센터를 통해 테스트 가맹점으로 배송한다.

1차 테스트는 상품개발 담당자가 진행하며, 1차 통과된 제품은 테스트 가맹점에서 2차 테스트를 진행한다.

※ 테스트 매장 수는 제품 가격대나 상황에 따라 조정될 수 있다.

후속 조치

본사 테스트에 통과한 경우, 본사 담당자, 신규 매입처와 물류센터 구매 담당자 간의 회의를 통해 향후 납품 및 협력 일정 조율을 진행한다.

별첨양식

구매일지
테스트 일지

8-2

구매업체 관리

▪ 구매업체 현황 관리

담당자는 각 구매 업체별 제품, 매입가, 매출가를 항상 숙지한고 물류 단가 및 시세 변동 현황을 실시간으로 파악한다.

매입처에서 매입가 변경을 요청할 경우 최소 한 달 전 서면 공지를 원칙으로 하며 변경 사유에 대한 공문을 제출하도록 요청한다.

타당한 사유가 없는 가격 인상 요청은 수용하지 않으며 매입가는 원칙적으로 최대한 인상하지 않도록 한다.

▪ 별첨양식

시세변동 현황 파악 링크: www.kamis.co.kr
협력업체(매입처) 현황표

8-3

상품 클레임 대응

▪ 클레임 체크

클레임 접수 시, 해당 가맹점과 유선 통화 또는 방문을 통해 내용을 정확히 파악한다.
제품 문제 발생 시 제조일자와 문제사항을 확인하며, 클레임 샘플은 반드시 수거한다.

▪ 샘플 테스트

클레임 샘플과 동일한 상품(동일제조일자)을 랜덤으로 재추출하여 비교 테스트를 진행한다.
테스트 결과 이상이 없을 경우, 매장에 관련 내용을 공지한다.

제품 이상이 확인되면 해당 협력업체에 공식 공문을 작성하여 통보한다.

▣ 업체 피드백

불량 제품은 해당 협력업체로 반품하며 공급 차질을 방지하기 위해 재고 물량은 사전 확보한다.
해당 문제에 대해 협력업체 측의 원인 분석 및 피드백을 요청한다.
물류센터 구매 담당자가 협력업체와의 소통 및 사후 대응을 주도해서 진행한다.
보완된 제품은 다시 가맹본사에서 샘플 테스트를 진행하며, 만족 시까지 반복 요청을 진행한다.

▣ 사후관리

제품 안정화까지는 물류센터 입고 전 정기적으로 랜덤 샘플을 수거하여 재검증을 진행한다.
검증 진행시 동일 문제가 반복되면 전량 반품 조치하며 필요시 공급업체 교체를 검토한다.

■ 최후조치

　지속적인 품질 문제 발생 시, 물류센터 구매 담당자는 고품질·저단가 제품의 신규 업체를 섭외하고 다시 가맹본사 테스트를 거쳐 매장 테스트를 진행한다.

　가맹본사 MD팀에서는 최종 결과를 문서로 보고하고 필요한 경우 공문 작성 절차를 수행한다.

■ 별첨양식

　공문 작성법

　이 매뉴얼은 **구매-검수-사후관리-클레임 대응**까지 전 프로세스를 체계화하기 위한 기준으로 협력업체와의 계약 및 운영 안정성 확보를 위한 핵심 문서입니다.

　담당자 간의 명확한 역할 구분과 대응 흐름을 유지하며 모든 진행사항은 일지와 공문을 통해 기록으로 남기는 것이 필수입니다.

9장

신제품 개발 및 출시

9-1

아이디어 회의

▣ 기초조사

국내외 시장조사, 소비자 트렌드 분석, 경쟁 브랜드 분석(매우 중요), 신상품 아이디어 도출에 필요한 기초자료를 수집하고 아이디어 회의 준비자료로 활용함.

▣ 아이디어 회의

1) 1차 회의: 수집된 자료를 전 부서 간 공유하며 아이디어를 브레인스토밍 방식으로 진행함.
2) 2차 회의: 타깃 고객층을 설정하고 제품 아이디어의 상품성 검토.
3) 기존 제품 개선 가능성 및 메뉴 방향성도 함께 검토하고 벤치마킹

사례 검토도 포함하여 진행.

■ 기획안 작성

1) 아이디어 회의 결과를 바탕으로 구체적인 상품 기획안을 작성함.
2) 기획안 주요 내용
   ① 개발 배경
   ② 제품 개요(특징, 사용법, 소비자 가치 등)
   ③ 기대효과
   ④ 시장현황 및 경쟁사 분석
   ⑤ 개발 일정, 인원, 비용 등 개발계획
   ⑥ 목표 시장, 매출/손익 전망

■ 별첨양식

회의록
기획안 작성(샘플)

9-2

연구개발

■ **신상품 구성 결정**

1) 원료 배합비, 공급처, 시장성, 생산 가능성 검토
2) 예상원가 산출(※ 원재료 비율 40% 이내로 제한)
3) 제조공정상 보완사항 확인

■ **시제품 제작**

1) 다양한 구성으로 시제품 제작진행
2) 제조 중 문제점 도출 및 개선안 작성

◼ 내부 시식평가

1) 관련 부서 대상 전체 시식평가 실시
2) 평가 기준: 맛, 상품성, 가격대, 시각적 요소 등
3) 점수기준: 5(매우 좋음)~1(매우 나쁨)
4) 시식행사 참석인원의 피드백을 통해 시제품 수정 및 재제작 진행

◼ 별첨양식

설문지
테스트 일지

9-3

기호조사

▫ 외부시식 평가

1) 최종 시제품을 가맹점 직원 및 일반고객에게 시식 제공
2) 설문조사를 통해 기호도와 구매의향 파악
3) 개선 필요 시 연구개발 단계로 재이동

▫ 실무회의

1) 제품 적합성에 대하여 최종 판단 진행
2) 메뉴 도입 여부 결정
3) 부적합 시 초기 연구개발로 복귀, 적합 시 개선점 반영 후 최종 승인

■ **별첨양식**

고객 설문지, 회의록

9-4

구체화

■ **출시 준비 확정**

1) 레시피 확정, 원가분석, 판매가 결정, 메뉴 출시 일정 수립
2) 매장에서 판매할 수 있는 집기류 세팅, 물류 입출고 일정 확인 포함

■ **생산라인 협의**

1) 협력사 물류 견적, SPEC 확정
2) 초도 물류 발주 및 입고일 체크

◾ 매장 공문 발송

1) 신메뉴 출시 안내 공문 발송(레시피 발송, 물류품목 및 단가, 판매 가격 포함)

◾ 마케팅 전달

1) 메뉴판, POP, 홍보 이미지 및 자료 전달
2) 마케팅팀과 촬영, 홍보 문구 협의

◾ 별첨양식

원가분석 폼
레시피 폼
초도발주서 폼

이 매뉴얼은 아이디어 발굴 → 개발 → 검증 → 출시의 전 과정을 체계적으로 구성하여, 실무자들이 각 단계에서 수행해야 할 업무와 기준을 명확하게 이해할 수 있도록 설계되었습니다.

각 단계는 이전 단계의 결과를 기반으로 진행되며, 설문, 회의록, 테스트일지 등의 기록은 모든 진행 과정의 정당성과 개선 근거로 활용됩니다.

10장

프랜차이즈 박람회

10-1

박람회 진행 매뉴얼

■ 일정 및 계획 점검

연 사업 계획에 따라 박람회 참가가 확정되면, 운영본부 내 SV가 박람회 담당자를 지정한다.

담당자는 박람회 부스 위치와 일정을 확인하고, 박람회 참가 계획서를 작성하여 본부장에게 보고한다.

계획서에는 부스 운영 일정, 참여 인원, 역할 분담, 소요 예산, 시식 여부 등 필수 항목이 포함되어야 한다.

■ 필요 물품 체크

1) 박람회 참가 계획서를 기준으로 다음 항목을 점검 및 준비한다.

① 운영 인원 및 담당 역할
② 설비 및 집기 리스트
③ 시식 행사 여부 및 시식 물품
④ 물류 품목 및 물량 발주 계획
2) 박람회 개최 3일 전까지 모든 시설 및 준비물을 완료해야 한다.

▣ 박람회 진행

1) 박람회 담당자는 운영 인원과 함께, 계획된 스케줄표에 따라 박람회 현장을 운영해야 하며, 행사 종료까지 전체 설비, 집기, 시식자재 등에 대한 책임을 진다.
2) 행사 중 발생하는 모든 상황에 대해 즉시 대응하며, 본사와의 연락체계를 유지한다.

▣ 철수 및 정리

1) 박람회 종료 당일, 협력업체가 회수하는 품목에 대해 각 업체별로 회수 시간을 사전 통보한다.
2) 본사 회수 품목의 경우, 사전에 체크한 품목 리스트와 수량이 일치하는지 확인 후 인수인계한다.
3) 본사 회수 물품 중 설비와 집기류는 세척 후 보관하며, 남은 식자

재는 물류센터에 반품 처리하여 재고 손실을 방지한다.

이 매뉴얼은 박람회 운영의 사전 준비부터 종료 후 정리까지 전 과정에 대한 기준을 제시하며, 각 단계별 담당자 역할과 보고 체계를 명확히 하기 위한 목적으로 활용됩니다.

특히 협력업체 및 가맹본사 간 연계사항, 회수 체크리스트, 식자재 관리 등은 문서로 남기고 담당자 확인을 필수로 합니다.

11장

법무팀 운영 매뉴얼

11-1

특허 · 상표 관련 업무

■ 상표권 등록 및 갱신

1) 기존 상표 출원 및 등록 절차
   ① 브랜드별로 상표 등록이 필요한 경우, 키프리스 사이트에서 해당 상표의 등록 가능성을 확인 특허법인을 통해 등록 가능 여부 최종 확인.
   ② 등록 가능성이 높을 경우 해당 분류(류)를 결정하여 상표 출원 및 등록 진행.
   ③ 상표 사용기간 확인 후, 만료 기간 명시.
2) 등록 이후 관리
   ① 법무 매뉴얼에 상표 등록 및 갱신 만료일 등 변동사항을 반드시 업데이트.

② 상표 등록 후 10년 이내 갱신 필요 시 자체적으로 갱신 진행.

3) 비용

각 분류(류)별 출원 및 등록 시, 특허청 관납료 외에 특허법인 수수료 발생.

11-2

가맹사업 관련 법무업무

■ 정보공개서 등록

1) 기존 브랜드 변경 등록(법인사업자 매년 4월 말까지)

공정거래위원회 공지에 따른 변경등록 기간 준수.

필수 제출자료:

① 변경등록 신청서

② 최신 정보공개서

③ 가맹계약서

④ 전년도 가맹점 리스트

⑤ 평균매출액 산정 양식

⑥ 해지·종료·명의변경 가맹점 리스트

⑦ 등기사항증명서

⑧ 손익계산서

⑨ 재무상태표

⑩ 원천징수이행상황 신고서

2) 제출방식: 온라인등록

3) 제출 전: 변경사항 보완 및 실적 반영 → 가맹거래사 및 변호사 검토 필수

4) 신규 브랜드 런칭 시 신규 등록

공정거래위원회에 신규 등록 진행.

필수 제출자료:

① 신규등록신청서

② 정보공개서

③ 가맹계약서

④ 가맹본사 영업표지별 가맹사업 관련 매출 증빙

⑤ 가맹금 예치증빙서류

⑥ 상표권 출원,등록 사실증명원

⑦ 손익계산서

⑧ 재무상태표

⑨ 원천징수이행상황 신고서

5) 제출방식: 온라인 등록

6) 등록 전: 가맹거래사 및 변호사 최종 검토 필수

11-3

일반 법무업무

■ **내용증명 발송**

1) 사전 검토
   ① 발생 문제 내용을 충분히 확인.
   ② 법률 자문을 통해 내용증명 발송 여부 결정.
2) 발송절차
   ① 내용증명 및 협상 대응 문건 작성.
   ② 발송은 단계별로 진행(1차: 요청서 명목/이후 2차, 3차 순차 발송).
   ③ 발송 전후, 가맹본사 요건 검토.
   ④ 시정 여부 확인. → 불이행 시 법적 대응 논의.
   ⑤ 필요 시 소송 또는 법적 조치.
3) 기록 및 공유

① 사건별 처리 매뉴얼에 반드시 반영

② 내용증명 발송 리스트 별도 관리

■ 소송 관리

1) 진행절차

　① 각 건별 사건 접수.

　② 법률 자문 및 해결방안 검토.

　③ 변호사 자문서 내용은 내부 공유.

　④ 합의 및 협의 시도. → 실패 시 소송 진행.

2) 사후관리

　① 사건별 진행상황 매뉴얼에 업데이트.

　② 관련 내용을 팀과 전산에 공유.

■ 계약서 및 개설 관련 문서 관리

1) 가맹계약서 관리

　① 법률 검토 후 보완사항 반영.

2) 주요 계약 문서 스캔 및 보관:

　① 계약서 표지, 가맹비, 로열티, 영업지역표시도, 투자내역, 특약사항 등.

② 재계약서 및 양도·양수 계약서 포함.
3) 개설 관련 체크리스트
① 창업자에게 브로슈어, 정보공개서, 계약서 발송 후 수신일 확인.
4) 스캔자료로 보관할 항목:
① 계약서 주요 페이지, 정보공개서 수령확인증, 예상매출액 산정서 등.
② 정보공개서 및 계약서 수령일은 계약일 기준 최소 14일 이전으로 관리.
③ 예상매출액 산정 방식 및 가맹비 예치 시기 준수 여부 체크.

■ 지점설치 관련 절차

1) 직영점 설치 여부 결정
① 입점지역에 직영점 설치 여부 검토 및 확정.
2) 법인 등기 및 지점 등록 절차.
① 법인 명의 지점 설치 시 아래 서류 준비.
② 이사회 의사록 공증: 법인인감증명서, 등기부등본, 정관, 공증용 위임장·진술서, 이사 인감증명서 등 포함.
③ 등기신청서 작성: 대법원 인터넷 등기소에서 양식 다운로드.
④ 구청 등록면허세 납부 후 영수필 확인서 첨부.
⑤ 등기신청 수수료 납부 및 전체 서류 편철 후 등기소 제출.

3) 사후처리

① 설치 관련 사항은 해당 부서로 이관.

12장

인사노무 운영

12-1

인사 · 노무 업무

▪ **채용 업무**

1) 구인 절차
   ① 각 팀의 인원 수급 요청사항(근무 조건 및 근무지 포함)을 수렴.
   ② 구인사이트(워크넷, 잡코리아, 알바몬 등)를 활용하여 채용 공고 진행.
   ③ 국가 인력 지원 사업 활용 여부 확인(예: 고용촉진지원금 등).
   ④ 지원자 이력서를 관리하고, 관련 부서에 전달.
   ⑤ 필요시 면접을 진행하고 채용 여부 결정 후 해당 부서에 통보.
2) 채용 확정 시 서류 준비
   ① 인사 파일 구성: 인사기록카드, 이력서, 자기소개서, 주민등록 등본 수령

② 근로계약서 작성 및 날인(신입사원의 경우 수습 3개월 적용, 수습 기간 중 급여 동일).
③ 수습 3개월 후 정규직 전환 처리.

■ 인사체계 확립

1) 인사 평가 기준
    ① 급여 기준을 준수하고 팀별/개인별 평가 기준을 명확히 정립.
    ② 평가 항목은 업무 성과뿐 아니라 정성 평가 포함.
2) 인사 고과 및 포상체계
    ① 포상 및 징계는 명확한 기준에 따라 정례화.
    ② 성과급, 승진, 징벌 등에 대한 명확한 체계 수립.
3) 근태 관리
    ① 개인별 및 인사팀 차원의 통합 근태관리대장을 작성하고 주기적으로 점검.
4) 신입직원 교육
    ① OJT(현장직무교육) 매뉴얼을 수시 업데이트.
    ② 교육은 담당 부서와 협의하여 현업 연계 중심으로 진행.

■ 노무 관리

1) 근로기준법 준수
   ① 전 직원의 근로 조건을 주기적으로 자율 점검.
   ② 시간제 인력의 경우, 최저임금 및 주휴수당 등을 법률 자문 후 계약서에 명시.
2) 취업규칙 운영
   ① 취업규칙은 정기적으로 보완하고 전직원에게 고지.
3) 수당 관리
   ① 초과근무, 연차, 야간근무 등 각종 수당을 구분하여 관리.
   ② 각종 수당의 기준은 법률에 따라 명확히 설정.
4) 퇴직 처리
   ① 퇴직사유에 따라 퇴직금, 실업급여, 사직서 처리..
   ② 권고사직 시 관련 법률 자문을 동반하여 처리
5) 기타 인사 관리
   ① 산재, 육아휴직, 출산휴가 등 기타 노무사항 개별 관리.
   ② 노사협의회 운영 시 분기별 회의록 및 관련 서류 정리.

12-2

기타 관리 업무

■ 국가지원사업 대응

1) 인력 및 임금 지원 사업

   고용노동부 및 유관기관의 인력지원 사업(예: 시간선택제 일자리, 고용촉진지원 등) 정보 수집 및 신청.

2) 교육 지원

   국비 지원 중심의 직무능력 향상 훈련, 현장 맞춤형 훈련 등.

3) 중소기업 지원 제도 활용

   ① 투융자 복합 금융지원, 신용보증, 브랜드 지원, 온라인 마케팅 지원.

   ② 해외 지식재산권 보호, 소송비용 지원, 해외 상표 등록비 지원 등도 포함.

◘ **대외 협력 및 퇴사자 관리**

1) 협력업체 및 외부 담당자 관리

   외부 파트너사 연락처 리스트를 주기적으로 갱신 및 관리.

2) 퇴사자 대응

   ① 퇴사자와의 정기적 소통 유지.

   ② 회사 주요 이슈나 동향을 간략히 공유하여 관계 유지.

◘ **교육 운영**

1) 법정의무교육

   ① 산업안전보건교육

   ② 성희롱 예방교육

   ③ 개인정보보호교육

   ④ 퇴직연금 교육

2) 직무능력 향상 교육

   ① 국비 지원 및 유료교육 포함.

   ② 온/오프라인 병행 교육.

   ③ 국비환급 대상 교육(예: 직무향상, 관리자 교육, 리더십 과정 등).

12-3

가맹점 정산 및 예치금 관리 매뉴얼

■ **가맹점 오픈 시 입금 확인**

1) 예치금 확인

   우체국 계좌(000000-00-000000)를 통해 가맹비 예치 여부 확인.

2) 입금 내역 기록

   프차프로 보고서의 입금 금액 확인 후 개설장부 작성.

3) 초도물류 입고 전 금액 확인

   개설금액이 전액 완납되었는지 확인 후 초도물류 입고 진행 가능 여부 판단.

4) 영업부 수당 지급

   계약서상 명시된 금액과 실제 입금액 일치 여부 확인 후 영업부 수당 지급.

▣ 가맹점 폐점 처리

1) 폐점 통보 시 점검사항
   ① SV로부터 폐점 통보 수령 시, 재계약 미납 여부 우선 확인.
   ② 완납 후 폐점이라면 일자 계산하여 환불 여부 결정.
2) 환불 처리.
   ① 환불이 필요한 경우 마이너스 세금계산서 발행.
   ② 계약이행보증금으로 대체하거나, 미납액 입금 유도.
4) 계약이행보증금 확인
   개설장부 기준으로 물류보증금이 현금인지 보증보험인지 확인.
5) 최종 처리
   품의서를 SV로부터 수령. → 대표이사 결재 후 환불 송금.

▣ 가맹점 양도/양수 처리

1) 양도 시 처리
   ① SV가 양도양수 진행 가맹점 통보 시 로열티 미납 여부 확인.
   ② 폐점 처리 기준 동일하게 적용.
2) 양수 시 처리
   ① 교육비 및 로열티 입금 여부 확인.
   ② 보증금은 양수인이 직접 예치하거나, 기존 보증보험을 양수.

③ 양도양수 계약서는 SV를 통해 경리부 수령.

④ 계약 기간 재확인 후 재계약 현황 시트에 반영.

■ 우체국 가맹예치금 관리

1) 예치금 확인 절차

① 영업부에서 가맹금 예치 매장 확인 후 중앙우체국(02-0000-0000, 담당: ○○○ 팀장)에 문의.

② 우체국으로부터 가맹예치금 통장내역 FAX 수령.

③ 금액 확인 후, 영업사원에게 입금 여부 전달.

④ 입금 내역은 우체국 가맹비 청구 내역서 파일에 기재.

2) 예치금 환급 시스템

① 예치금은 가맹점 사업자등록증 발급 기준 2개월 후 자동 환급.

② 과거(2014년까지)는 우체국 직접 방문 및 신청서 제출이 필요했으나 현재는 시스템 자동환급.

3) 예치 취소 시 환불 신청 절차

① 개인사유로 계약이 취소된 경우:

예치 통장 내역 입금액 확인

② 아래 서류 준비 및 발송:

a. 반환 요청서

b. 가맹본사 동의 서명

c. 예치 가맹금 명세서

　　　d. 예치일자 기재

　　　e. 사업자등록증 사본

　　　f. 신청인 서명(법인인감 날인)

　　　g. 대표이사 신분증 사본

　③ 제출처: 해당 예치기관 주소 및 담당자 앞

4) 로열티 관리

　① 로열티 적용 기준

　　　a. 로열티는 계약 첫날부터 발생

　　　b. 금액: 3,300,000원(VAT 포함, 선납 기준)

　② 입금 방식

　　　a. 초기 로열티는 최초가맹금과 함께 납부

　　　b. 재계약 로열티는 계좌이체 또는 카드결제 가능

　③ 입금 관리

　　　a. 프차프로 전산을 통한 입금 여부 점검

　　　b. 프차프로 재계약 입금현황 반영 여부 확인

　④ 계약서 확인

　　　가맹계약서에 로열티 면제 조항이 없을 경우, 후불 아닌 선불로 간주하여 진행.

프랜차이즈
가맹사업의
모든 것

ⓒ 유수찬, 2025

초판 1쇄 발행 2025년 12월 13일

지은이	유수찬
펴낸이	이기봉
편집	좋은땅 편집팀
펴낸곳	도서출판 좋은땅
주소	서울특별시 마포구 양화로12길 26 지월드빌딩 (서교동 395-7)
전화	02)374-8616~7
팩스	02)374-8614
이메일	gworldbook@naver.com
홈페이지	www.g-world.co.kr

ISBN 979-11-388-4987-6 (03320)

- 가격은 뒤표지에 있습니다.
- 이 책은 저작권법에 의하여 보호를 받는 저작물이므로 무단 전재와 복제를 금합니다.
- 파본은 구입하신 서점에서 교환해 드립니다.